光緒諸暨縣志 5

紹興大典 史部

中華書局

諸暨縣志卷四十二

坊宅志第二

長甯鄉

宋統制王琳潼川太守王文炳故宅在五十都小溪嶺北後捨爲

慈光寺

郝山村在櫟橋江東岸自潼川太守王文炳捨小溪山宅子孫散處山農先生曾祖遷居郝山下山農生長於斯晚年始隱居九里山今山下居民亦姓王然非先生本支矣郭毓郝山行我家門前小山阯煮石山農產於此去今四百五十年其人則遠詩不死風雅能追李杜源雄奇直入韓蘇壘大江南北人所宗鄉里誰知敬桑梓者香王君向予謀數年蒐訪重琱鋟遺編蠶簡勤補葺鮮新紙墨清雙眸我爲覆校魯魚字落葉掃淨桐風秋誣傳欲刪金華宋大序補刊青田劉今朝重過郝山下山農故宅無片瓦牛宮豕圈繞民居野廟神叢傳古社蒼松大矯老龍形疑是當年手種者高歌白石飯牛詩霹靂一聲眾山啞

紫石山房在郭店詩人郭毓書室今廢

明廣東布政使司參議周文煥故宅在洞村今廢

心一堂在霞溪莊歲貢生魏家駒故宅

廬南書屋在藉隝諸生魏夏故宅今廢

大部鄉

大部街在五十一都五顯橋東去橋二十餘丈爲楓橋南市大部鄉界止於此街

橋下街自大部街至五顯橋計二十餘丈爲楓橋中市

橋上街在五顯橋西爲楓橋西市楓橋鎮跨大部長阜二鄉橋右社廟舊題爲兩鄉古社

京闈進士坊在橋上街西北明成化庚子舉人鄭欽建今圯俗稱其地爲鄭家阪曰鄭家阪

鄭別駕故宅明潁州州判鄭天駿舊居鄭氏自天駿祖琮遷楓橋市西子和徙市中天駿徙烏笪山陰後和從弟澧州知州鄭欽亦遷居楓橋始別稱天駿所構室為舊鄭云

水竹居在別駕故宅內海康縣知縣鄭之士建今廢鄭之士水竹居即事詩遯迹林泉識者稀茶煙長護綠蘿衣好山彈翠橫吟榻流水分藍上釣磯三徑秋風籬菊老一庭春雨石苔肥晚來躅徧溪南路招得孤雲作伴歸

南漠草堂在水竹居北明弋陽縣知縣鄭天鵬故宅今廢

進士坊在鄭家阪西孔村康熙丙戌進士孔㐱建今廢

冷水里在孔村南俗傳為楊相公儼故里

畸園在五顯橋西橋上街西南翰林院編修陳遹聲家園湘陰左孝同篆額

帶山草堂在畸園以堂對烏帶山故名仁和高邕書額

授經堂在帶山草堂北德清俞樾書額并跋武强賀濤譔記賀濤授經堂記

古者書用竹帛流播爲難楮帛稍省易矣而述作日益繁操觚者猶艱於從事故韓起觀書於魯然後知周禮漢東平王求諸子太史公書於京師而不能得唐時求訪一書猶或遲之數十年始得一見而史志及諸家所纂目錄由今考之無其書者强半其難得而易亡如此自鏤版之法行流衍者博易於求取而時勢遷貿數百年舊物蓋無幾存 國朝崇尚文學詔求遺書校刊宣布而魁儒碩學乃益討訪珍祕拾闕掇殘所考定皆號稱精絶乾嘉之際文學可謂極盛而吳越爲人文淵藪通儒輩起輝蔚東南頒四庫書於揚州鎮江杭州以贍多士其時海內富安爭相慕效搜奇茈博習而成風藏書之富爲四方所不及自粵賊躪轢江浙十餘年間荐紳轉徙百物灰燼而書籍亦遂盪無留遺大難既平諸行省設局刊書學者頗修復舊業而鄉時所稱精本已不可多覯其宋元舊刊則益更索無所尊之爲彝鼎而曠世未必一遇也諸賢陳蓉曙編修劬學嗜古孜孜如不及其先世當明萬歷時有官左布政使者聚書數萬卷搆七章菴庋藏其中當時宿學皆借書其家爲之點勘其孫章侯 國初隱於禪世稱老蓮先生著有寶綸堂詩文集康熙初所居廬燬於火而七章菴之書多亡蓉曙之父購輯殘書纔得數千卷築授經堂冀復舊藏遂繪授經圖課子於堂徵時賢題詠士林盛傳其事粵匪之亂東南騷動陳氏獨安居講誦於堂弗輟余小頗觀察賦詩稱之而堂與書又卒毁於兵蓉曙少以文名大吏爭迎聘以其所得作室以積書復得萬餘卷俞曲

園先生以舊名題之而堂復興蓉曙雖官京師而所謂授經堂者刻不能忘嘗願罷官旋里讀書堂中以無先先志廹於人事而未果也輒用自恨濤既得觀授經圖讀諸公題詠慨焉慕之蓉曙爲詳述其事且曰子爲我記其本末將鐫之堂壁以志吾恨而視吾子孫吾感蓉曙之能復故業因推古今世運之變以見書之易散而難聚其力能聚之者固宜搜輯而愛護之矣然古人得書之難十百後人而後人之學乃遠不逮古人則又以知學問之事精專是務其博收兼取以富蓄藏者蓋猶未足貴也吾曾王父購書十餘萬卷其後歲有所增今幾百年書固無恙濤所遭視蓉曙爲較幸然蓉曙之學得於古者已深濤猶茫乎未有聞見蓉曙引以爲恨益足徵其好古之誠而濤所自幸乃其所可愧者歟光緒十九年六月武强賀濤記　適聲

父鎮海縣學教諭陳烈新繪有授經圖德清俞樾全椒薛時雨同邑余坤皆有題詩

[俞樾題詩]佳兒舉舉作趨庭便解書囊自課經老學菴中好風景深房紙瓦一鐙青秋風喜聽鹿鳴三此後因添蔗境甘更比太邱家法好將來卿長兩無慚繪取傳經一幅圖丹山老鳳此攜雛留貽畢竟青箱富爲問金籯得似無西湖精舍共論文平議粗疏未足云竊願執經同講習大桓君與小桓君[薛時雨題詩]蘭玉當階秀出羣傳家事業最清芬楹書足抵籯金富官冷休嗤鄭廣文解組重看作腐儒一氊老我住西湖景升自愧非名士豚犬兒郎邁迹無[余坤題詩]擁旄橫玉半屠沽共笑傳經事業迂誰識黃巾能下拜當年只有鄭公廬世味鹹酸我飽嘗願君寄語勸諸郎讀

書莫謾希青紫識
字耕田味最長

劬齋在授經堂東長沙曹廣權書額錢塘吳慶坻跋

潛廬在授經堂西長沙曹廣權書額

拜王揖楊之樓在帶山草堂上適聲自書額

十蓮室在東樓長沙曹廣權書額并跋

向月寮在西樓常熟翁同龢書額適聲跋

蔬香樓在授經堂北

饁耕堂在蔬香樓下順德李文田書額

學蘇齋在饁耕堂西錢塘孫詒經書額

團圞室在饁耕堂東歸安陳允升書額并跋

思尊堂在饁耕堂東適聲自書額并跋

聽雪軒在思尊堂旁黟縣程恩澤篆額

晦木堂在鑪耕堂西遹聲自書額并跋

紫石山房在晦木堂南天津徐世昌書額

雙紅豆館在紫石山房旁侯官伊立勳篆額遹聲跋

讀未央文字之室在雙紅豆館上吳縣潘祖蔭書額

扶蔬草堂在思尊堂南黟縣程恩澤篆額

野史亭在扶蔬草堂北仁和陳豪書額并跋

萃華軒在畸園南明溪園居士駱象賢命其子秬建今改爲秬家祠［徐渭題萃華軒卷詩］楓橋先輩有風流玉軸文池鎮綺樓山水大觀凡八詠人家喬木幾千秋黄絲暗縫偏游蠹白雪吳綾半織虬俗眼燈前從古忌賢孫隨處好藏收

孝感里在五十二都孝感山下唐孝子張萬和故里有孝子祠孝子墓爲萬和及其弟萬程子孝祥廬墓處故俗名廬墓西有獅子巖山山下有芝泉

儒林第在孝感里宋八行上舍張堅舊居今廢

三進士第在孝感里宋熙甯癸丑進士張鎮淳祐丁未進士張雷發咸淳乙丑進士張翼舊居今廢翼雷發姪也

進士坊在孝感里宋熙甯癸丑進士張鎮建今廢

草廬在孝感里明紹興府學訓導張辰故居學者稱爲草廬先生今廢

會魁第在孝感里明永樂甲辰進士胡璀故宅今遺阯尚在

會魁坊在胡璀宅前明永樂時建今圮

奉化里在孝感里西五里白水村宣孝婦黃連故里

嘉林莊在白水村東宣甸村一名宣莊明湖廣副使駱問禮別墅今廢

花紋里在宣甸東南附五十二都一名花紋前

南豐莊在花紋里南山口村明處士駱象賢别墅

古越城在大部鄉洪亮吉東晉疆域志諸暨縣注法苑珠林於會稽塔寺下稱諸暨東北一百七里大部鄉有古越城案今大部鄉在縣東非東北自縣城至大部無一百七里遺址亦無可考

釣魚臺在大部鄉吳越武肅王曾釣魚石上故建見舊志今遺址無考姑誌於末

長阜鄉

進士第在五十三都蘭臺里同治甲戌進士震澤縣知縣趙昌言故宅

貞女坊在蘭臺里趙源未婚妻湯大姑建

鎮軍第在蘭臺東五里駐日嶺壽春鎮總兵陳安邦故宅今廢

胡孝子故宅在駐日嶺西北上金村孝子胡宏法舊居

徵士宅在五十四都楓橋東南三里許蟠龍莊明徵士駱觀光故居今廢

來月軒在徵士宅東駱觀光建正統乙巳觀光子象賢重築今圮

沐恩堂在徵士宅側溪園居士駱象賢故居正統間詔旌其門曰尚義今廢

尚義坊在沐恩堂右明正統壬戌奉敕建今圮

尚賢坊在沐恩堂左明永樂癸卯舉人駱黼建今圮

溪園在沐恩堂後駱象賢讀書處故自號溪園居士今廢余懋棟秋日遊駱氏園亭詩慘淡西風細雨天名園晚景獨流連危樓寂歷緣題鼠喬木蕭疏噪暮蟬墨繡古牆苔漠漠碑殘曲徑草芊芊故家池館今餘幾祇有溪聲似昔年中有菊潭梅圃蕙畹蓮池諸勝

溪園亭在溪園今廢駱象賢溪園亭畫壁詩林壑清幽芳徑春融煖雲紫麝煤晴飄瑣窗底東風曉來太無力塵土輭紅吹不起南屏光搖紫翠芒林塘水滑流清香奚奴摘花不插鬢雕籠放出雙鴛鴦丹鳥傳書石田芝草光風轉淡烟

著柳杈頭淺傳書青鳥林外來仙家不隔藍橋遠蓬萊左掖雲染青花香暗結雲母屏葉葉蓮舟拍輕浪燃藜夜讀魚龍聽玉桃分豔陽烏暫曜桃之都三千一度花實敷東方小兒負戲劇拍手笑走鬱與荼玉簫吹來海水斷枝柯燦爛無人管座中風景偶平分曙色晴開屋頭煖丹楓薦爽閨林昨夜秋聲作小窗濛濛香霧落屋頭古洞楓葉丹隱隱時聞動仙樂遍人清氣林邊來彩鸞飛下仙之臺舞影蹁躚月明裏階前踏碎青莓苔秋水芙蓉溪上奇峰羣玉疊秋水芙蓉光倒插長笛清歌放彩舟載酒挑鐙灶金鴨畫屏淺淡情思濃香凝粉膩天無功斷夢沈沈隔湘浦綠波未許生秋風三湘夜色蘭皋露溼明珠佩洛浦微茫月華墜玉妃翦水出羅襪浮搖曳汀蘋蕩晴翠縞衣綽約香自多纖纖羅襪凌秋波九疑夢斷楚天杳別來試問春如何

清暉樓在沐恩堂東溪園居士宴客處今圮

鳳凰于飛樓在蟠龍莊閨秀徐昭華築今圮

梅花隖在蟠龍山北鐵崖山麓明孝子駱嗣宗廬墓處

見大亭在鐘山南紫薇山北麓爲楓橋最高曠處明兩英處士駱驂築驂子問禮重修亭左有池池上有小砰砰前石壁如削下鑿石室俗呼爲百子堂室外鑿石爲池南崖鐫海眼二字北崖

鐫枕流漱石四字相傳爲明海瑞書池東南隅有石洞咸豐辛
酉亭燬於兵里人鎮海學教諭陳烈新醵貲重建增桐舫竹齋
桃源牡丹臺諸勝勒山光潭影四字於石室西厓與海眼南北
相向沿山種桃梅木犀芙蓉數百本駱問禮見大亭記見大亭者家君兩英公所築在宅
前之山麓宅南而亭西向因山勢也紫薇山在其左鐘山在其
右登亭則楓橋一境皆在其望中禮爲諸生時邑大夫王近山
公登覽而名之且曰取宋周濂溪先生見大心泰之義蓋以勖
家君而亦以勖禮云經始在嘉靖甲午禮尚未有知識至今萬
歷癸巳六十年矣而復修之修者家君意而任其事則孫中行
亭在其園之上故并以屬之耳亭不甚大四面空阜鑿石爲基
後垣頗高長池在其下左一方池池上一小砰并前階庭俱鑿
石爲之庭花臺四臺前陂坡雜植成林桃李發時遠望如錦近
視則竹苗挺挺高下出嬌紅嫩綠間亦自成致其下圜地頗寬
每思爲小構亦有緒而卒中止所見惟薔薇荼麥之類不足數
也方池環以短牆牆下植葵長池抵砰處植荷夏日納涼則金
鱗滿目清芳撲鼻而舉目見烏帶山如賓南熏拂拂不知日之
過午也牆外一池頗深而惟三面係石一面雖以碎石甃而中
多沙礫故水常不盈兩厓壁立好事者以海眼呼其池因亦呼
曰海厓厓上突兀處可作一小亭望化成寺古塔而力不暇塔
在紫薇山頂其陰產白石英而烏帶山則產紫石英家君號蓋

取諸此亭右無石小庭方丈層砌三面各三級多植秋花因呼小芙蓉城城上一大坪此圃中最高處夷爲臺名白雲以其白雲時起也路當其下自圃門至此頗長門內兩旁雜樹花木因名曰芳樹徑徑陡處疊石爲梯遥望層層好事者謂其不俗梯盡處兩松夾道禮所見植者今已合抱物猶如此人其奈何雖非仁人之言其感一矣外景則山由鳥帶從南轉西前繞幞頭白茅杜黃諸峰林立而北控泌湖直接石磩爾瞻百丈驛路衝其峽當幞頭峰下巖壑森羅原隰縱横市井交加雲霞旱潦之態稼穡擔負輿馬之狀變見百出而高棟短屏前後掩映翠篠蒼標錯峙其間二溪穿市入泌楓橋跨其中不可見而人隱隱過樓頭橋因可指水漲則重湖一望如海近山公所謂見大者可想矣舊時花木足供清玩來遊者率取以去數年間殆盡因修始漸復之禮自謝事歸時攜一僕筆牀茶竈徙倚其中興到覓句搜奇客來則促席麈麈未嘗不竟日而家君雖倦步肩輿時至先行中行事暇亦率諸孫執几杖焉不知其非平泉金谷也造以漸成費置不計今修無慮三十餘金在民家亦不堪矣而不爲惜於戲家君老矣禮雖不敢自稱亦豈壯强而此亭六十年始一修自後更修不知何年使我子孫能修家君與不肖更能見之費何暇計乎

駱藴良先生故宅俗名副憲第明江西副使駱瓏舊居今廢

師帥坊在宅東明駱瓏建今圮

澹成堂在鍾山西麓紫薇山北麓楓橋市東明纘亭先生駱問禮故宅康熙間惠州府知府余毓浩自高湖遷居於此俗稱其地爲前山

知止堂在澹成堂左今廢

敦仁堂在澹成堂右今廢

肅雝堂在澹成堂後今廢

楓溪書屋在澹成堂中余懋樀讀書之屋今廢

心遠堂在澹成堂中

愛日堂在澹成堂西明湖廣副使駱問禮故宅後歸里人直隸山海關通判陳曰登改題授經堂

楓水名賢坊在澹成堂前駱問禮建今圮

岡卿坊在楓水名賢坊側明太僕寺少卿駱方璽建今圮

進士第在澹成堂西南明天啟壬戌進士駱先覺故宅今圯

進士坊在進士第前明駱先覺建今圯

萬一樓在澹成堂北鐘山之麓明駱問禮藏書之樓駱問禮萬一樓記駱子始名其讀書之亭曰纘藎先曾大父有自有亭老父有見大亭而德業皆未盡究不揣欲宏其緒云爾自有者取顏子不改其樂章句中伊川程子自有樂處之義見大則亭當山阜所見殊大而亦取濂溪周子見大心泰之義欲纘此二義良有不易者知終不能也更名其軒曰此中蓋取韓昌黎且於此中息之義爾繼復爲此樓則顏曰萬一義取博文約禮博之於萬而會之於一此千古學術之訣欲尋聖賢之樂處而見其大未有不息於此而可得者則名樓之大概也始在舊宅東北隅今另構之則在後宅之西北而移此中軒於其前亦另構之樓三間俱七楹樓上貯書無慮數萬卷經史子集粗備其次則古今法帖數十冊若釋道陰陽諸外家書聊存其一二以備參考樓下施几席牀帳閒可讀倦可息客至可坐庭不過四五丈雜儲花石不事珍富書分爲十三櫃許人來讀借去則不可防散失也客必心知始延之入初意建之別墅以便讀者今在宅中惟力所及嗚呼吾老矣昔人以年老讀書爲秉燭之光又讀得進恐吐不出欲以貽子孫而又恐未必能讀嗚呼豈誠然哉讀書老不若壯以警後生使知及時惜陰則可若語朝聞夕可之義則秉燭之說吾猶以爲非至而況其他貽金未必守也人且汲汲皇皇貽

書卽未必能讀定不爲害萬有能讀者不勝貽之金玉乎余自謝事歸內無聲色之娛外無山水之樂不惟鄉里瑣細卽稼穡桑麻亦置不問優游此樓固不免釋卷茫然而開卷未嘗無益遇好我者與之探討疑義終日忘疲而客去則閉門如常不知老之已至所得於茲樓者多矣曾見一巨室多書爲當道子需索每別購以塞責甯不爲害此事之不常有者食容可以咽廢嗟夫凡天下有形之物孰無興廢斯樓自我而建安知不自我而廢不自我廢安知不自我子孫吾已矣或子孫能守安知無擴而大之以繼吾志者然而能守與大此樓必自能讀書樓之書始則今日作記之意也若曰六經註我而以讀書爲大禁則斯樓誠爲駢贅然業已名此樓矣

纘亭在萬一樓西南駱問禮讀書之亭今圮

自有亭在纘亭前明貢生駱璡築今圮王越自有亭詩師心子駱石卿郢城太守之難兄平生慷慨負奇氣落筆恍聞神鬼驚讀書之亭大於斗扁取其名爲自有我聞所名之義何石卿不答笑而走孔門究竟理無窮兩字淵源尚未通檢遍六經無覓處誰知只在魯論中陋巷簞瓢言最切伊川註上分明說苟能尋出樂事來方識聖賢眞妙訣約之以禮博以文工夫在己不在人至於欲罷不能後便覺眼前都是春仙人洞口兮草木皆彬彬泌浦湖頭兮鷗鷺皆恂恂烏帶山環兮卽之如申申樸頭峰高兮仰之如誾誾楓溪浩浩兮聽之如諄諄石橋平平兮由之如循循吾心涵萬象萬物

備吾身措之可以爲經綸他日要安天下民君不見古蘭亭正與自有亭相鄰願君但餘顔淵水莫學流觴王右軍

此中軒在萬一樓前明駱驂築子問禮重修【駱問禮此中軒即事用可人期不來爲韻詩】神交閉戶無今古客到開軒忘爾我世事紛紛何足憑不分好惡但稱可鳴琴喚鶴茶煙午掃榻焚香硯墨芬門外喜無催稅吏坐中時有問奇人停披啟戶弄朝曦漸覺庭前春色肥一榻積塵常不下百拜誰與共襟期雜陳圖史任縱橫整頓琴樽勤拭拂坐起欠申命僕頻門前看有車來不宿雨階除長綠苔蓬門終日不須開年華有限閒中過愁緒無端暗裏來

聽泉亭在澹成堂西明駱象賢築今圮

東溪草堂在聽泉亭側東溪之濱詩人駱儒城故宅

和樂堂在楓橋市南東溪橋西今廢【徐渭和樂堂詩】堂倣羣山紫翠中一門和氣藹融融每看霄斗懸從北別有春風來自東萬里雲煙圍檻桂百年枝葉老橋楓簾櫳笑語時時發莫問瑶臺第幾重

溪風山月樓在東溪橋西明駱象賢命其孫茂鷹建後爲象賢子和家祠同治壬戌燬於兵今重建【駱象賢溪風山月樓詩】紫薇秀出山龍從楓溪盤屈泉流湧清風明月良自多層構東西靈秀拱素華結攢金芙蓉寒流交光玉蝃蝀一丈移栽玉井花天香分來廣寒種金粟飄搖兔

曰移珠露荷擎水仙捧我聞二氣流行常預洞聖人繼天大一
統風雨攸除百堵興居處民生時總總底事於焉淸氣亟棫楠
雲飛高益聳岡巒近遠圖畫開一鏡明湖天蕩動帶山秀拱瑛
石藏巘崿朝來分鬱滃掄材栝柏正土圭工藝場師咸從慿半
天星斗瀉闌干下土煙霞晴翠擁南山疏鑿白石堅不倦丁男
常侘傯巖洞神仙近屋頭古木蒼藤盤朧朣樓頭月轉碧天低
溪曲風晴聲洶洶逝日西飛愛日留甘旨慈闈申孝奉燕處寒
溫慰母心經始何言迫紛冗流來月馭鎖窗虛散出飆輪絕坋
塕雨露桑麻禾黍登蔬果圍丁勉培壅山可采兮溪可漁薪水
供廚頻繼踵晝屏磨琢香風圃丹堊杇鏝日完翬輪祀時思轉
邱壠松梓顧瞻如敬竦春露秋霜無不然履薄臨深增懼恐隮
歌命酒款材賢染翰擒詞延賈董詩歌古調心膽淸夢斷鈞天
毛髮悚月色風聲最可人登眺凴虛吹鴻濛聚慶高元家世昌
尚義旌門荷天寵母儀子孝節義全狷介持操端璧珙友于兄
弟孝行徵儒雅論文脫凡胥抱書
時擬究元微夜靜青鐙對周孔

瑞竹堂在和樂堂北明俞瀟妻童氏俞滋妻趙氏俞潤妻金氏三節婦舊居戶側產竹一本三幹本皆疊生三節故題其堂曰瑞竹今改爲俞氏家祠

徐家衖在瑞竹堂西爲楓橋支市

楓橋大街在徐家街西北自五顯橋東至大部街隸大部鄉街東至鋪前隸長阜鄉長一里餘商賈駢集爲楓橋東市市中有楊相公廟

新街與大部街對巷爲楓橋北市

脩梅館在新街西北大園同治丁卯舉人駱元邃居室

孝義巷在新街東楊相公廟側以元丁孝子祥一王義士汝錫得名汝錫曾爲晦菴書院山長溧陽縣學教諭

進士第在楊相公廟後康熙戊辰進士余毓澄自高湖遷此

容止軒在楊相公廟東明溪園居士命其子稌築今爲稌家祠

進士坊在楊墅下明嘉靖壬辰進士駱驥建今圮

國賢坊在進士坊東鋪前明宏治戊午舉人陳元魁建

進士坊在鋪前國賢坊東明正德辛巳進士陳賞建

解元坊在鋪前明初陳元祚建今廢見隆慶駱志其人無所考

義安縣舊署在進士坊北鐘山之西宋東尉司故址開禧間鹽盜竊發安撫辛棄疾申置乾道八年改義安縣析義安等十鄉屬之淳熙元年復爲鎮元改巡檢司領長甯大部長阜東安西安紫巖六鄉明正統間革後改爲驛鋪今即其址建景紫學堂

喜雨堂在義安舊署中宋乾道間建今廢知縣李文麟喜雨堂詩偶沾微祿念王程每到山郵一駐旍形勝不殊歸杜曲簿書非復對韓繁民饒只合勤輸賦政拙尤宜自勸耕遥望白雲千里外愧無雙舃比王生

紫陽精舍一名義安精舍在舊縣署側宋朱子爲常平使者召楊文修與談名理因止宿焉俗誤爲紫陽宫今鄉人塑其像歲時展謁明駱問禮移像祀於紫薇山麓其遺址併於驛鋪

秋暉書屋在紫陽精舍東北詩人陳芝圖故宅今廢陳芝圖歸楓溪詩煙樹淒迷認故家粉垣頹處片籬遮寒烏亂噪爭殘核秋蝶孤飛戀小花網戶無人經雨壞綺窗不掩受風斜祇餘舊日悲秋地斷柳

絲絲傍水涯周楓溪故居詩惆悵三十餘槩亂蓬花墜一枝聊足棲身外復何計感慨入中年便有無窮事還思百年身消我幾多淚人情既遷替景物亦衰悴淒涼八月中秋風如許厲開我竹間樓啟我牀前笥蠹粉落承塵蛛網懸梁欐朽蝕無完書毀剝無完器碎彼長暮人愛好忽捐棄零落無人收修淡風煙際睠予承先澤薄業未全廢流離乃至斯太息誰爲致寂寞倚孤檻忽忽臨天地

丹棘圃陳芝圖家圃今廢

滋德堂在秋暉書屋西北元東岑居士樓謙故宅

楊蔬圃在滋德堂前吳越都知兵馬使楊洋宋孝子楊文修故宅後遷於鄭里即今全堂今遺址半歸朱氏半歸趙氏

進士坊在楊蔬圃西南丁家塽宋咸淳甲戌進士丁午奎建今圮

孝子坊在丁家塽元至治間孝子丁祥一建今圮

晚節堂明晚節居士丁仲銘故宅今廢駱象賢晚節堂記諸暨楓橋里中有隱君子丁仲銘氏樂善好施予年踰八十視明聽聰起居食息不減少壯時操持端謹邦人稱之爲晚節翁從而顏其堂來徵予言夫節爲中

正之宜義之由來尚矣二氣流行兩間賦與物者曰命人之靈由之曰性合性與命而爲心心爲人生之主宰事事物物品節之間事功行焉五性具焉仁爲節之由義爲節之宜禮爲節之約智爲節之固信爲節之敷至於晚節當益修益敬進當節其所進止當節其所止丁氏舊族也先世有諱誠者宋仕太常典簿伯兄謹任大理評事推恩贈考仲庸如其官由新昌遷居海鹽評事傳五世曰午奎號南山登咸淳黃龍澤榜進士由海鹽轉諸暨之義安仲銘爲南山四世孫篤於繼述修省昕朝清夜焚香稽顙自新寒暑風雨無閒嗣子則賢又疏爽喜通賓客答至必爲酒相與酬酢盡歡洽而已一日則賢訪予溪園亭上與論易因推本其義以爲易之節有安節之亨循乎中正之宜甘節之吉往而有尚也孜孜汲汲行之或未能焉桑榆景迫晚節之書先得吾心之同然

也書是爲晚節堂記

進士第在丁家塢北楊蔬圃西廿板橋南光緒乙未進士陳模居

室

孝子坊樓氏開先堂家祠前元孝子樓昇建今圮

有功聖門坊在開先堂前明義民樓成檟建今圮

下楊村在開先堂北半里康熙丁卯舉人贛縣知縣樓滙故里

忠勤堂在下楊村東長道地明揚州參軍陳鶴鳴故宅其後樓題曰聚奎今廢

永錫堂在忠勤堂後今廢

露蕭堂在永錫堂後今廢

光裕堂在露蕭堂後皆陳鶴鳴建鶴鳴子廣東左布政使陳性學著有光裕堂集

御史坊在忠勤堂前明萬歷中御史陳性學建今圮

元覺樓在忠勤堂側明嵩濆先生陳于朝建今圮陳于朝元覺樓賦有客從西來羽其衣扶笻而至以一鉢向予門募食崎嶇狀也器而與語若師浮邱生者因及長生道有藥耶石耶曰無之海有巨石出崑崙之峽神禹之足未之履焉歷萬滄桑不少變嶻如峰如巒無明無夜日幾於登月幾於瀉爲地之霄爲天之榭可不爲長之生而久與乾坤竝其夏者耶然而鴻濛以爲母混沌以爲父萬年無疾不知含哺喜則躍浪羽跨濤車而怒則蔽曉天噴晚蜃而屏吳楚當其時盧不知其形骸扁不知其肺腑藥石所勿施而莫揣其終古余曰然則無之曰有之海之中有魚焉出於崑

崙之泉冀若垂天尾長於乾盤古氏不識其年可不爲生之長而莫之與肩者耶然而混敦氏赤起黑山赤水日相居止崆峒欲死及日月之始開而後吞陰吞陽吸風雲遊淩霄之渚彼其所食者二氣而後乃復爾余曰叱叱女語何綺曰先生勿覺乎覺其爲無有之亦無海之魚不生矣覺其爲有無之亦有海之石亦不生矣覺其爲無爲有海之石海之魚俱不死矣得無以生天地之生也得有以生人物之生也得其有無以生陰陽之長生也覺此而後老天地古人代萬物陰陽矣余曰叱叱女語何知曰先生覺否覺元否藥石弗覺弗能施也有之說從覺生也藥石既覺恐能施也無之說從元生也先生請正襟坐百尺樓上思有思無遊神天地之先結想有情無情之際海不啻方寸之洋而石與魚不啻方寸之靈蠢也言訖與飯一盂去不知何往因以元

覺名吾樓

涉園在忠勤堂後陳胥邑即日愛園故址築胥邑弟洪綬爲之記

陳洪綬涉園記涉園者予兄乙未觴槎菴來先生請名之者也庚子構堂一亭一穿池二予樂記之予憶先生名時衆以爲取諸日涉成趣之義也已予能廣其意當不是乎止也憶予十歲兄十五歲時讀書園之前搴霞閣中日愛園有七樟樹經緯之以桑柘綺絡之以蔬果幽曠若謀而成高下咸得其所謀爲亭館以居之遂因其地勢之幽曠高下擇其華木之疏密高卑又非嘉木異卉不樹也一日而涉焉或樹一花木一月而涉焉又去一花木至於其先必以爲咸宜不改而植之歷千餘年枝幹

榮茂而可觀根本深固而不拔者必樹之去之務與其地之相宜而止爲屋則樓閣堂軒廊窗亭牖露臺曲房圖畫規制凡數十改易務與其地之相宜而始定鑿池則倏東倏西隨開隨塞變田成溪者十餘度務與其地與樹之相宜而後成此非涉之之久陳迹不留新意自啟能若是乎哉夫圃細事也能作圃末技也不日涉則弗能爲艮學圃可弗日涉乎哉故日涉經史涉古今予願從兄坐此圃也深維其涉之之義而細察其涉之之效種德樂善文章用世朝夕孜孜焉能如其精擇遷改動與時宜之爲善也然非日涉經史日涉古今能乎哉予願從兄坐此圃也

寶綸堂在忠勤堂右老蓮先生故居今廢

團圞居在寶綸堂後老蓮先生寢室今廢陳洪綬臥病團圞居詩秋夜愛獨坐猶愛明月光今夜月皎皎兩事言所望遥知溪山裏泠泠而蒼蒼患覓一朋侶開門步寒塘夜深呼不起中止忽旁皇奢哉人所欲百美不足償始願期秋夜復得月滿堂何爲不知止而欲逮於荒唯有進德心要使廣無量

攀霞閣老蓮先生讀書處今廢

寫經軒在團圞居側老蓮先生女閨秀陳道蘊寫經處今廢

曼殊室在寫經軒後老蓮先生妾閨秀胡淨鬘居室今廢

七樟菴在忠勤堂後老蓮先生家藏書處今廢陳洪綬七樟菴帙書詩竹塢蕉園葺
敝廬筆牀緗帙具存餘大夫薄俸留田宅先聖遺風在史書已
悔從前虛歲月未知已後借諸居夢回酒醒常深計未得幡然
一歎
噓

借園在寶經堂東北老蓮先生家園今廢陳洪綬借園記遺樓之後余兄有地半畝余易
得焉可壘怪石幾笏構危樓數椽風日清美經營其間綠竹當
戶豫章上天養生學佛書畫種田胷中忽有南面百城傲人意
心自叱曰竹爲叔祖之竹樹爲吾兄之樹我見於此借也何有
於我哉因廣其意以知古昔聖賢制度雖括聰明之量正人物
之性如八卦見之負圖書契因之鳥獸刳舟作車之類遠取諸
物辨陰陽交鬼神以治氣教化成萬世之教祖者皆借也即後
世帝王刱業者不借五德始終之運與侯王將相不借治亂聖
人之靈音乎其餘歷代文人學士不過咀古人之英華步前賢
之陳迹驕氣浮志爲用而矜己傲物卒之身名俱敗者俱不知
我所有者借之故也嗚呼吾何人斯敢不自反腹內無百字成
誦書畫肆說鈴識所不及乃敢上人乎哉額曰借園顧名思義
五月七日書於遺樓大雨又小構借園詩竹自開三徑蕉能覆
華門因之爲小憩不欲用工繁四壁圖良訓中堂畫世尊隨人
所成就最上郎名園苟且事修葺深於學道妨野心愛山谷凶
歲作茅堂土木一朝費農夫八
口糧償人爲苑囿錢穀詎能量

醉花亭在借園西隅今圮陳洪綬坐醉花亭詩吾愛山亭竹樹幽構成奔走未曾留半年也逐功名事五月聊爲兒女謀俗務每從無意得好懷不是有心求連朝飽坐工書畫感想忙時絕夢遊

遺樓在借園前老蓮先生居此今圮陳洪綬遺樓詩無力爲圖圃先人遺一樓山川殊不足雪月頗全收文字眞牙慧圖書非臥遊半閒懸古佛要學白衣修

瑞蓮堂在忠勤堂西明懷永先生陳心學繼妻童節婦居室庭池産蓮一莖並蔕故題堂曰瑞蓮今廢陶望齡瑞蓮堂詩并序貞婦傳者大方伯楓川陳公爲其弟婦童作也童之先出宋李忠襄顯忠避國難改童姓姓望於會稽貞婦年二十一歸方伯公介弟國子君以孝婉稱逾二歲生子于京陳君前婦有二女子貞婦視之如京也庚辰國子君卒臨訣以子女屬貞婦以故貞婦哀甚矣猶爲强粥趾無朔目無遊容無剜者三十年背有方池嘗植蓮自喻曰吾悲其腹子以生而成子以瘁其苦心哉甲辰蓮三莖六花並蔕人謂之義感予聞而爲賦雙蓮之詩三章曰太華峰頭玉女井井中蓮花千尺洽花開花落誰得知黃鵠孤飛來照影黃鵠歌殘調轉悲鴛鴦冢畔夢猶疑只因池上雙蓮影得似當年鏡裏時雙窺雙語鏡中妝蓮葉蓮花總斷腸幾倩西風洗紅粉斷香零露老秋房

南齊阮佃夫故宅在長道地東南今名阮家牆下宋書恩倖傳言佃夫宅舍園池諸王邸莫及於宅内開瀆東出十許里塘岸整潔今阮家牆下東南半里東溪之左陳氏居室名曰前水門俗傳爲阮佃夫家水門則其里居之閎麗亦可知矣

履素堂義士陳德龍即明南雄府同知陳翰英弟瓛英東明堂故址建堂東爲其元孫光緒丙戌進士翰林院編修陳遹聲故居

旋吉堂在履素堂東遹聲祖陳殿榮建堂西有五柳居

陽明書屋在東明堂西明德府典膳柏軒先生陳元功建題其寢堂曰榮慶右翼曰戧樓左轉曰櫪閣餘姚王華爲之序

大夫第在陽明書屋西南明景泰癸酉舉人陳翰英致仕後所建其舊居曰上新屋在大夫第後今廢

繼魁坊在大夫第側上新屋前明景泰舉人陳翰英建翰英從叔

璣以禮經魁會榜翰英復以禮經魁鄉榜故題其坊曰繼魁今廢

世科第在大夫第西北明宏治戊午舉人五河縣知縣陳元魁建寢堂有祖孫父子甲科額今廢

夏官第在世科第西明正德辛巳進士兵部武庫司主事陳賞建今廢

溪園小築在夏官第中陳賞讀書處陳賞溪園小築即事詩麻衣返里事紛紛舊屋無緣可復存溪匯漫然成棟宇椿庭聊可奉晨昏三峰聳立濤何限一水周流遠有源莫道書生居室小興來雷震動五雷門小橋引路入迢迢一室悠然暫息勞泛艇晴光醒醉眼透窗竹影動詩豪步隨夜月庭何廣坐對南山地自高只恐青雲生足下天風萬里又征袍

恩榮堂在夏官第西陳賞致仕後所建儀門外有祖孫父子兄弟甲科額又有郡守洪珠所題進士額今名進士第

世翰林第在恩榮堂後明宣德庚戌進士翰林院庶吉士陳璣故宅以其八世祖陳壽官宋翰林經諭故題其居宅曰世翰林今廢

會魁坊在世翰林第前明宣德庚戌進士陳璣建今圯其遺阯名牌軒基亦稱尙文坊

烏臺門在世翰林第西元孝子陳玭故宅

南齋在養源堂東南明南齋先生陳齋故宅今廢

寄隱草堂在烏臺門北宋翰林經諭陳壽自河南閿鄉縣遷杭復自杭遷居於此舊名宅步今廢其遺阯名船坊基陳壽宅步家居感懷詩

世南遷自汴京飄然浪迹寄杭城卜居宅傍梯山穩辭祿身離翰苑輕驅虜每詢邊將捷思歸頻夢故鄉情幾回翹首登樓望縹渺層雲護禁陵築室梯山遠市朝思鄉戀國兩情饒錢塘未許懷天塹淮水猶堪渡汴橋虜騎斥充豺虎嘯社城消索鼠狐驕英雄壯志吞胡羯暫解朝簪學種桃誰挽天潢洗甲戈遺安只好臥林坡已無公相新司馬空有將軍老伏波戡亂未遑裴

李績立朝先失藺廉和千年繆
變權宜在何事疆埸奸宄多

惜陰書屋在寄隱草堂西元稽山書院山長陳策講學之廬今廢

陳策惜陰書屋即事詩築室數楹聊蔽風結屋數椽聊蔽雨翻天覆地霎時間風癲雨聚何如許捲我厚覆幾重茅撼我壁立幾根柱羣從忙撐不可支欺我醉眠茅窩底倏焉天地壓蒙昧等閒化作祥風起四方八表得清輕蕩蕩乾坤掃塵翳所幸巍峨棟不摧猶得纏綿重葺理

長史第在寄隱草堂西明晉府左長史陳廷俊故宅今其地名七房廷俊祖道全建

東泉耕舍在東野草堂東北二里許青龍阪之原明伯軒先生陳元功建今圮

沉仁題東野草堂詩東野生涯得趣新一蓑烟雨一犂春山中隱者陶宏景谷口耕夫鄭子眞繞屋田園新世界滿庭風月舊家鄰九重宵旰思賢佐未許衡門老此身

全塘街在全塘楊家

淸白堂在全塘街西宋楊文修子自楓橋徙全塘始居於此今改

爲家祠

鐵厓故宅在清白堂東南小鐵厓山麓泉塘之側元泰定丁卯進士楊維楨舊宅後徙居松江鄭天鵬過鐵厓故居詩鐵厓高萬丈立馬看嵯峩此老文章少爲官轗軻多列星還碧漢廢宅隱山阿桃柳嘶黄鳥淒涼怨舊歌

萬卷樓在小鐵厓山巔楊維楨讀書之樓維楨父楊宏建今遺址尚存屠倬訪楊鐵厓讀書樓四絶句山花木葉作新秋犖确來尋石徑幽一代風流楊鐵史紫苔繡徧讀書樓虞楊范揭分標格風月湖山屬霸才鐵笛一聲秋意瘦竹枝傳唱滿蘇臺老婦謠成兩鬢銀蒼茫天地一遺民未妨略涉香奩意屈宋文章見古春扁舟來往稱詩仙風景長防裂老顛一事傲公懷抱好太平有酒不烽煙

集英軒在全塘鐵厓山麓明溪園先生駱象賢別墅今廢

湯中丞故里在全塘湯村乾隆丙辰進士湖北巡撫湯聘故宅

東安鄉

東洿里今名屠家隖在五十六都南齊屠孝女故居

兄弟科甲第在王家溪頭乾隆壬午舉人王本玉丁未進士王國元戊戌進士王霈霖父王澤溥故宅澤溥年四十巳生三子復之貴州娶於李氏又舉三子連翩得科第寓至貴三子詩王家溪頭溪水流連峰際天天幽幽我生何爲終日愁拔劍出門走兒婦牽衣不可留行行西南陬西南之貴州左江茫茫右江泱泱浮槎觽乎貴之陽山川清淑風氣雍穆往貞于陽卜卜辭嘉告嘉莫嘉兮貴之筑皦而屋賚而育家而塾河東珠樹森而馥才二十年餘食祿而飲福春鼇作繭三眠三起同父兄同父弟相去幾千里

干吉故里在大干溪央方士干吉舊居

貞女坊在大干溪南銀杏街北驛路旁胡法正未婚妻葛貞女建

銀杏街在銀杏樹下

進士第在五宜潭康熙丙戌進士蒲江縣知縣毛鈺故宅今廢

進士坊在五宜潭西南黃沙橋康熙丙戌進士毛鈺建今圮

踏籠坊在黃沙橋明天順壬午舉人張伋建今圮

履和堂在前陳村拔貢生陳偉居室

止於堂在欒家橋前湖咸豐壬子進士駱文蔚故宅

王元章故宅在九里山麓元高士王冕自五十都郝山村隱居於此案張辰王冕傳明師至九里冕方臥病重其名輿至山陰天章寺今東安鄉營盤去九里一里許爲明胡大海駐師處由營盤至九里由九里至天章寺爲明師攻郡城順道若冕居郡城南之九里則非順道矣前說多誤王冕村居詩斷橋分野色曲徑入柴門五柳低藏屋三家自作村人情同下里風俗異東屯我老無生計耕耘教子孫人言村落僻我處頗清幽竹色侵衣冷江聲繞屋流歡呼同社酒出入趁漁舟不用問時事桑陰且飯牛避世忘時勢茅廬傍小溪灌畦晴抱甕接樹溼封泥乳鹿依花臥幽禽過竹啼新詩隨處得不用別求題茅屋人看小我居殊覺寬雲開山滿座雨過草平欄古意琴三疊清風竹萬竿養生無別具壁上破瓢簞欲識吾居處屋前溪水流門交青薜荔籬蔓黑牽牛有竹編書簡無花引釣舟生涯隨分已何用卜菟裘英雄在何處氣概屬山家蟻布出入陣蜂排早晚衙野花園部伍溪樹擁旗牙抱膝長吟罷天邊日又斜綠槿成籬落茅檐挂薜蘿馬車渾不到樵牧

自相過臥看歸田籙行聽擊壤歌優游只如此刀鋸奈吾何局
厭塵中隱寬從野外居人情方密熟禮數覺生疏懸榼空浮蟻
陳編撲蠹魚客來縱談笑不必問吾廬又山中雜興詩去城居
九里來地出雙溪傍水編茅屋移花近藥畦長年無客到終日
有猨嘷利路何須問閒身儘可棲散處身如寄幽居屋似船江
鳴風落雨山暗樹生煙架有催詩筒囊無貫酒錢東鄰吳季子
瀟灑亦堪憐漂泊殊無定歸來得暫安不嫌知己少已覺傍人
難梅屋春風細松窗夜月寒交遊成契闊重檢舊書看短策閒
尋句長歌獨倚樓野雲迷客思花雨亂春愁論事思王猛看書
憶馬周老吾吾道在一一付滄洲細註歸田錄重修種樹書自
知春是客不歎食無魚石屋春雲重繩牀夜月虛蕭條空四壁
誰問馬相如山圃無定式力作是生涯近水多栽竹依巖半種
茶春風吹小草夜雨出新沙不必問時事城中減大家眺望春
光遠登臨夕照微野煙平戍壘山鳥怪儒衣觸處無高下何勞
論是非寄言彭澤宰出仕不如歸石樓合曉色茅屋近春暉野
水中開落雲山四面圍長歌樵擔起短笛釣船歸景物隨人至
詩成思欲飛貧居得幽僻世事不相關詩思多因雨閒情獨愛
山落花隨水去孤鶴望人還最喜人清健年來酒量慳家貧[illegible]
食淡年老覺身臞細字憑兒看清尊待客沽惜春嫌謝豹顧兔
憶韓盧悵望青山曲點頭愧野夫卜宅近山阿柴門障薜蘿厓
清聞鶴唳日煖聽樵歌密樹懸青蔦平田浸白波村船乘暮景
來往急如梭寒雪滿空山出門行路難家人愁累重客子怯衣
單寇盜因時起乾坤尚未安
吾農清苦甚今日淨朝餐

梅花屋王冕著書之廬今廢〔王冕梅花屋詩〕荒苔叢篠路縈迴繞
澗新栽百樹梅花落不隨流水去鶴
歸長帶白雲來買山自得居山趣處世渾無
濟世才昨夜月明天似水嘯歌引上讀書臺

竹齋王冕讀書之齋今廢〔韓性竹齋記〕暨陽王元章以竹名齋請
記出畫卷示余蒼巘斷橋中雜草木屋
十數楹清風凜然如接畏友元章其眞如竹矣君家內史修禊
蘭亭修竹之名播天下竹以人重也子猷事業不多見徒以愛
竹之故世之言竹者必徵子猷人以竹重也元章孤高放曠暨
之竹將由元章而重矣人患無志耳有志而無成吾不信也

心遠軒在九里山中王冕築今廢〔王冕心遠軒詩〕淵明賦歸去寓
意在田園結廬雖人境喜無車
馬喧秋風菊采采春風柳娟娟人迹日已疏世事日已遷高臥
北窗下夢寐羲皇前瀟灑萬慮空豈但琴無絃上人絕遐想所
適乃自然端居中澹寂不在地
靜偏緬懷千載風所以名吾軒

耕讀軒王冕築今廢〔王冕耕讀軒詩〕路逢誰家子背手牽黃犢犂
鋤負在肩牛角書一束輟耕且吟誦惜陰坐
喬木南山豆苗肥東皋雨新足涼氣滿郊墟書聲出茅屋古來
賢達人起身自耕讀買臣負薪歌倪寬帶經讀寄語少年徒行
當踵
前躅

按察第在五十八都虞村明按察使司僉事虞以文故居今廢

進士第在虞村明萬歷甲辰進士壽堯臣故宅今廢堯臣墨城八遷居虞村

宜仁莊在虞村陳州知州趙之璘故宅今廢

大夫第在宜仁莊前揚河通判趙南覲故宅今廢

包村在附五十八都虞村北馬面山下義士包立身故里奉

敕建忠義祠義民塚郭肇東安烈士歌東安烈士田舍兒劍眉珠日形貌奇朝驅黃犢夕負米少年恂恂拙言辭軒后陰符豈解讀猿公劍術詎得知劫運將臨天驅使精誠所激神護持把橋受書事怪誕誓爲鄉里扶顛危冬十一月義旗樹以少擊眾逸承疲一勝再勝軍威震道旁京觀築纍纍醜徒切齒思報復陸致犀兕水蛟螭連營州里密如薺中懸一壘兀嶷嶷侵晨賊至大刀舉霓旌鶴氅坐指麾六射不動眾心固一呼響應賊氣褫白日黯淡蚩尤霧陰風慘慄王母旗八公草木弋甲動昆陽虎豹風霆馳須臾犄角外圍合徑梟渠卒血淋漓扁舟舉火干帳烈萬騎倒戈百夫追羣兇坐是挫精鋭相戒不敢窺藩籬踞巢老魅猶崛强收召殘眾勵瘡痍乞援四出闔四市自春徂夏無休時孤村坐困終非策累勝莫救萬輩飢茫茫浩劫不可問一腔忠義感坻蚩地崩山摧壯士死海枯石爛雄名垂

皇朝中興申撻伐草莽臣亦奮鞭箠牽制羣賊罷奔命憤兵何服抗王師論功不在張許下千秋血食乃其宜我歌特彰烈士烈大書請勒祠堂碑

紫巖鄉

橫闊街市在六十都紫巖寨今名關口西見舊志今廢

琴隖里在六十都宋侍御史屠道卜宅於此榜其所居曰琴隖後遂以名其地[宋]子琴隖記友人屠君天敘諱道者以進士拜侍御史辭疾歸隱素善琴乃作軒於暨陽山麓蕭爽絕塵入夜燕息援琴鼓之明月當戶光彩映發神閒意寂其資之者深矣遂扁其居曰琴隖請余記之余聞聲音之道與政通故君子窮則寓其志以善其身達則推其和以淑諸人蓋心和則聲和聲和則政和政和則物無不和矣暨陽之邑多山其居民淳厚天敘能以古音道之必有能聽之者是為記淳熙五年四月甲申屠倬琴隖舊廬[詩]萬山迴合處深谷少人烟留得茅廬在於今六百年[又]故園讀書處[詩]樓居面山起溪流抱山止更有還山雲飛落硯池水[又]自題琴隖舊廬山水畫壁[詩]終朝仰屋不見山臥遊卻在青山閒虛廊粉壁親手畫只恐小兒塗抹壞莓苔黏向石根青檐溜飛來松頂挂硉矹㠓律一丈高放筆祇覺南山隘朝看壁閒雨腳垂暮看壁閒雲亂飛故鄉自足好山水若耶雲門何日歸

朝議第在六十一都白鶴山前一名長竟山宋左朝議大夫陳協隱居之所協與岳忠武主匡復忤檜旨棄官家此高宗賜理學名臣

額及忠武遇害協題堂聯曰泥馬瀾迴小隱坐看河九曲黃龍酒熱趨班猶夢月三更後圮今其子姓聚族居者在山之陰

店口市在六十一都義士橋東舊在中里即今中村明萬歷間移此

義門坊在店口市北義士橋東元瑞安州學正陳志甯偕弟嵩之㧗建義塾義莊以教養族人至大二年江浙行省參知政事高昉上其事詔旌義門建坊後廢莊塾三百餘楹其遺阯盡爲居室而坊亦圮宋濂義門坊銘義爾塾盡知讀建爾坊萬人月應祝日世食祿義爾莊歲無荒表爾坊不敢忘應祝日世其昌義爾阡惠重泉立爾坊高插天應祝日世多賢

槐柳莊在店口元尚元先生陳嘉績別業今廢陳嘉績槐柳莊記槐柳莊者會稽陳嘉績所築之別業也去蘭亭四十里在陶朱之北鄉曰紫巖山曰尙元後爲屋三間奉其慈親以休息其妻子中爲堂一間則其晨昏定省之所扁曰存順蓋有取夫橫渠先生存吾順事之遺意也東築齋一間藏其所讀之書温故知新以考察其所不逮名曰求放心前提舉浙江學校陳先生旅著作郎李先生孝先嘗爲文以致警勖焉前爲堂三間則其親戚故舊吉凶慶弔

私會之所也又其前爲軒曰退思爲亭曰悠然耕釣之暇於此而游焉息焉者也凡爲屋大小十有二間而庖溷之室不與焉後爲圃五畝樹以桑桑植以雜卉曰桃曰李曰栗曰梨曰榴曰梅而不實之葩不取焉前列翠柳間以文槐環以修篁皆其心之所好而手之所植也翰林待制杜伯原先生見而嘉之爲題其額曰槐柳莊云噫余自十五六時嘗奉父命讀書寓舂山中二十而歸試以鄉第一無所成三十而罹父憂又三年而出遊遊五年卒無所遇又二年始獲歸築室以居今年五十矣既不能以尺寸之奇自見於斯世猶將尚友千載以求合於古人昔蘧伯玉行年五十而知四十九年之非自今以往思寡其過得爲伯玉之儔亦云幸矣尚敢冀其他哉至正甲辰七月朔旦

日涉園在槐柳莊後陳嘉績家園今廢

進士坊在店口義士橋俗名朱家橋西明嘉靖己丑進士翁溥建

尚書第在進士坊西明南京刑部尚書翁溥第宅中有知白堂今廢唯門阯尚存

霞紫園在尚書第南尚書子南京左軍都督府都事餘忠讀書之所今廢

溪上草堂在店口義士橋西明羅源縣教諭陳克建別業郎尚書第故趾築今改爲義塾

探花第在店口市南明永樂壬辰進士王鈺故宅今廢唯祠堂存焉駱問禮贍太史王葵軒公眞容詩一代名臣幾似公仲舒文行漢時雄經綸未了胸中蘊瞻拜欣逢意外容十里雲開梨鳴雪滿江潮湧柳塘風躊躕莫問麒麟閣顔巷還誰識舊蹤

進士第在六十一都有覺嶺下嘉慶己巳進士王海觀故宅

乾山孝子宅在有覺嶺下王國奉故居今圮

岳駐里在六十一都北界山陰天樂鄉相傳店口陳氏始祖諱協者隱居白鶴山即長竟山與岳忠武締婚媾忠武訪之駐軍於此故里由是得名焉

蹤忠亭在湄池江干明諸生中黃先生傳日烱殉節處後圮傳學流踪忠亭碑記孔子曰志士仁人無求生以害仁有殺身以成仁此蓋爲爲臣子者言也昔者屈原不得志於其君遂蹈仁人之節

以死干百世後雖人往風微猶想見其哀吟怨慕於涉江之餘則夫歷世未久毅魄浩氣照人耳目其仁心仁聞爲何如乎明社既屋逮乙酉王師渡江故御史大夫蕺山劉公高首陽之節不食而死於是我傅之先人有中黃先生諱日烱平公先生諱均者皆蕺山高第弟子相約殉難平公以母夫人不許而止而中黃先生託其母於族兄奉莪正衣冠拜祖廟自沉於湄池之江滸歷今百十年矣嗚呼世之炎炎赫赫者石人華袞誇耀當時不旋踵而姓氏灰滅先生死節之處爲舟航通道長年三老過其地者猶能道之芳譽之流傳豈徒使賢人君子悲魚腹弔沈湘感歎於荒江寂寞已哉爰記數語鐫之貞珉立於沈身之所求仁者可以知所興起矣

烈婦坊在湄池江干乾隆五十五年傅煥照妻華氏建

傅平公故居在湄池艦頭今燬

傅中黃故居在湄池塘灣底今燬

傅氏園林在塘灣底仁和高士奇贅居之所今廢高士奇外舅園林詩山亭一徑通泉響雜松風壁峭懸疏翠苔深落小紅廚煙新竹杪鳥語曲闌東他日重相訪空餘幾樹楓

學士第在傅氏園林側嘉慶辛酉進士翰林院侍讀學士傅崇故

居

木雞軒在湄池聖山麓明翁源縣主簿傅初菴書之室今廢

雉山草堂在湄池聖山雉隝明奉義先生傅雨受業於劉戴山戴山殉節後奉莪築别舍設戴山栗主於中偕其族人傳均率生徒講論忠義後人改爲戴山祠并以諸傳附祀

進士第在六十二都王家埠順治丁亥進士原武縣知縣蔣爾琇建今廢

白梅草堂在進士第側康熙辛卯舉人蔣宣奇别業今廢

竹廬在六十二都白塔斗門明江府左長史華岳讀書之廬今圮

三烈坊在六十二都顧家江口順治初顧氏三烈投江殉節處

永思堂在六十二都戴里蔣重艮重建痛其父子濬陷於非罪因顔其堂曰永思

楊莊在永思堂後乾隆辛卯舉人蔣載康注經處今廢馮至過蕺里楊莊詩楊莊善易不言易草屋無書處讀書三史分明添注釋六官確鑿竟刪除淮黃路入南旋錄燕趙碑收北上車完璧碎金誰捃拾名山應眷嫡孫如潮孫諸生如潛心繩武爲刊周官心解

經龕堂在楊莊左側蔣載康藏書之室今燬

康泉小築在蕺里旗山之北　國初布衣蔣康侯善別水味愛其泉因以已字字之築室於旁馮夢祖爲之記互詳山水志今廢

心湖山人故廬在六十三都滸山明季蔣大忠居室大忠自號心湖山人鼎革後披緇於董公旻勝菴今燬

世進士第在六十三都祝家塢玉屏山麓宋元祐辛未進士馮谷故宅寢堂有祖孫父子伯叔兄弟甲科額今廢

郡馬第在世進士第側宋紹興庚辰進士兵部郎中尚郡主馮時敏居第今廢

聯徽堂在玉屏山麓，元處士馮邦彥建，今廢。錢宰聯徽堂詩序至正十年，暨陽馮邦彥築室落成，郡大夫靳侯過焉，嘉邦彥兄弟之賢而相友愛，名其堂曰聯徽，坐客咸爲詩以美之。柯里聯徽堂詩堂前紫荆樹，秋風宛如故。日暮雙脊令，飛來復飛去。回首五枝桂，零落燕山陲。永言琴瑟和，莫作豆萁詩。陳韶詩軋軋機上織，言作長衾布。粲粲廚中飯，言充同食具。曳履上高堂，相看髮垂素。持彼少年歡，守此歲華暮。客從遠方來，遺我緑綺琴。上有十三徽，徽徽是黄金。不作離鸞調，歡成鴻雁音。好將曲中意，留結後人心。申屠溶詩馮生不彈鋏，乃爲田舍翁。男耕女織罷，下爨得古桐。援桐授琴師，琴成被南風。鏗然合清廟，樂只歸黄鍾。持將勸妻子，少長和融融。載絃睦兄弟，鴻雁鳴雝雝。以之御賓友，坐容春風中。出家達宗廟，在用靡不通。大絃莫浪緪，一緪小絃絶。小絃勿僭響，僭宮徵越。大緪小必乖，下僭上必戾。右調七朱絲，絲絲聲宣節。左拈十三徽，徽徽星點列。興至每一彈，猗蘭與白雪。敢齊堂廟器，聯爾室家悅。請韜琴上徽，與星終不滅。黄鄰聯徽堂銘琴有徽，弗章弗施，曷操縵而比親？有枝弗培弗滋，曷奕葉而輝？節既宣，載鼓載希。本既植，以愉以怡。斯有稱夫厥居。

皆山樓在聯徽堂西，邦彥弟邦實築，今廢。陳樵皆山樓詩晚風扶醉倚欄干，滿目江山不厭看。石壁亂雲籠黯淡，玉峰清靄護高寒。良朋尊俎情何限，老子胡牀興未闌。浪說環滁多麗景，紫巖誰識有仙寰。王艮皆山樓詩十二雕闌接太空，嵐光面面罩鴻濛。世間若箇丹青手，描出皆山細雨中。王冕皆山樓詩平生僻性耽清賞，幾度神遊縹

緲間今日晴明天氣好紫巖樓上看青山宋濂皆山樓詩危樓百尺面山扃老樹攀寒不盡青何日過橋分半景傍雲同結草

元

亭

凝碧軒在玉屏山麓元至正辛巳舉人台州路學教授馮勇築今廢申屠性凝碧軒記台州路學教授祝里馮君剛中世居紫巖吳湖之東築室數楹闢小軒爲燕息之所軒臘尋竹竹外湖水縈帶遂以水竹之故而名其軒曰凝碧徵記於余余謂水之爲物止而通竹之爲物虛以直惟有德者肖之今君不資以爲樂而退處寂寞之濱如野父田叟種竹千餘環立左右軒窗之外日見鴟夷子所游千頃之淼茫風帆沙鳥雲煙變態集爲几案之具而君朝游夕息於此水竹之姿凝於一碧者蓋野父田叟不足以知之而盡在君之襟懷矣其見於筆墨詩畫者一凝碧之所發也雖然凝碧之樂於目者淺也請探其深方其開軒見湖與天上下撓之不濁澄之不清而其流注之潤綿亙數百里其及物之澤不可算矣君子體之止而能通者不於是而得乎坐軒而對竹本固而末茂貫四時而不改柯易節昂千仞而不回不撓君子用之虛而能直者不於是而得乎君方釋數學事歸老故山其闢是軒左右陳列皆古今書史日與賢士大夫劘切講肄周旋水竹之間攄幽發羣是宜行益高道益尊既宏乎內必揚乎外吾知其軒居之樂不果於凝碧之地矣若夫流連光景肆情詩酒豈所望於居者哉

進士第在玉屏山麓明成化戊戌進士南京刑部員外郎馮珏故居

華祝堂在玉屏山麓馮起潛居室今廢

雍敘樓馮夢祖居室即華祝堂故址建馮夢祖雍敘樓銘并序順治辛卯先君子建堂顏曰華祝康熙戊辰災兒子劭勉樓之更名雍敘禮樂不可斯須去身雍取諸樂敘取諸禮詞以銘之俾後人得省覽焉銘曰前古人不及見也後今人不盡見也讀聖賢書悉當世務內焉勿欺外焉勿忤知者不吾非愚者不吾惡維樂在懸有聲雍雍毋戾金石毋閼絲桐神之聽之於論鼓鐘門以內由我宅也門以外由我適也存忠孝心行修齊事克念立誠發暢不肆衾影無愧萌語言有倫次維禮爲坊天敘秩秩曲爲三千經兮三百是履是遵其儀不忒

御史第在玉屏山麓順治乙未明通榜進士山西道監察御史馮勸即聯徽堂故址築

捧日樓在御史第前馮勸致仕後築馮夢祖捧日樓記余姪屏山築於聯徽皆山之故址榜疇福堂蓋取洪範九疇斂時五福之義而名之也歲丁卯垣之外復搆樓三延主伯亞旅及余設饌釃醴余飲酣睨視屏山放言曰

爾曷不堂而樓諸屏山曰樓以適用也曷名曰憶姪之母夢日入懷而誕勸今侍罪蘭臺蒙朝廷祿糈以構此樓名之曰捧日當歟嘻爾父曰諱爾叔曰諱頁臣望日孝子愛日亶有然乎若夫鳴鳥催晴潛鱗戲浪日而春也桃李園熟芰荷水漾日而夏也稻粱穎實菌桂香飄日而秋也雪瓣飛銀冰花凍玉日而冬也東山旭吐西野露晞維日之晨霞輝晛麗雲影暄騰維日之午玉峰留輝紫巖返照維日之晩至於熾炭烹茶提壺酧醞日時而飲刈菘掇韭速羜遲羔日時而饌枰開停鶴響發驚鴻日時而弈行間蝌蚪字裏笙簧日時而吟否則畟耜登壠葺波杏雨日可耕乎鉛槧縹袠疊案充几日可誦乎曰唯唯可召爾子若孫來歟曰可須臾羣至環席拊其背攜其手把酒屬之嘻若輩幸毋忘爾父若祖之構斯樓也守身如執玉如捧盈聖人惜陰君子惕若然乎否耶屏山稱觴釂余曰善哉叔之訓也小子識之因噱飲沈醉大醵而罷遂書以爲記

綠野莊在玉屏山北麓馮邦彥邦實兄弟築今廢馮至綠野莊遺事先高祖蒼源公文集未刊者十卷名曰樵雲方鳩工而華祝堂燬樵雲殉焉燬七十年而元孫至偶於郡城刻字肆得殘簡七行剝蝕不可卒讀其可讀者記綠野莊遺事凡百字有奇曰元季族前人邦彥兄弟貲鉅富講貫孝弟家居構聯徽堂皆山樓禮致四方士大夫而唯恐車轍之吝也則置莊於玉屏之北士大夫冠蓋過者務止宿致殷勤其高文碩德因延迎入里盡歡乃聽之去莊畔有泉曰貽雲泉泉水清和歲甚旱不竭名泉之山曰待鶴云云今按邑志載聯徽堂詩占歌詞爲最詳無一字及綠野貽雲

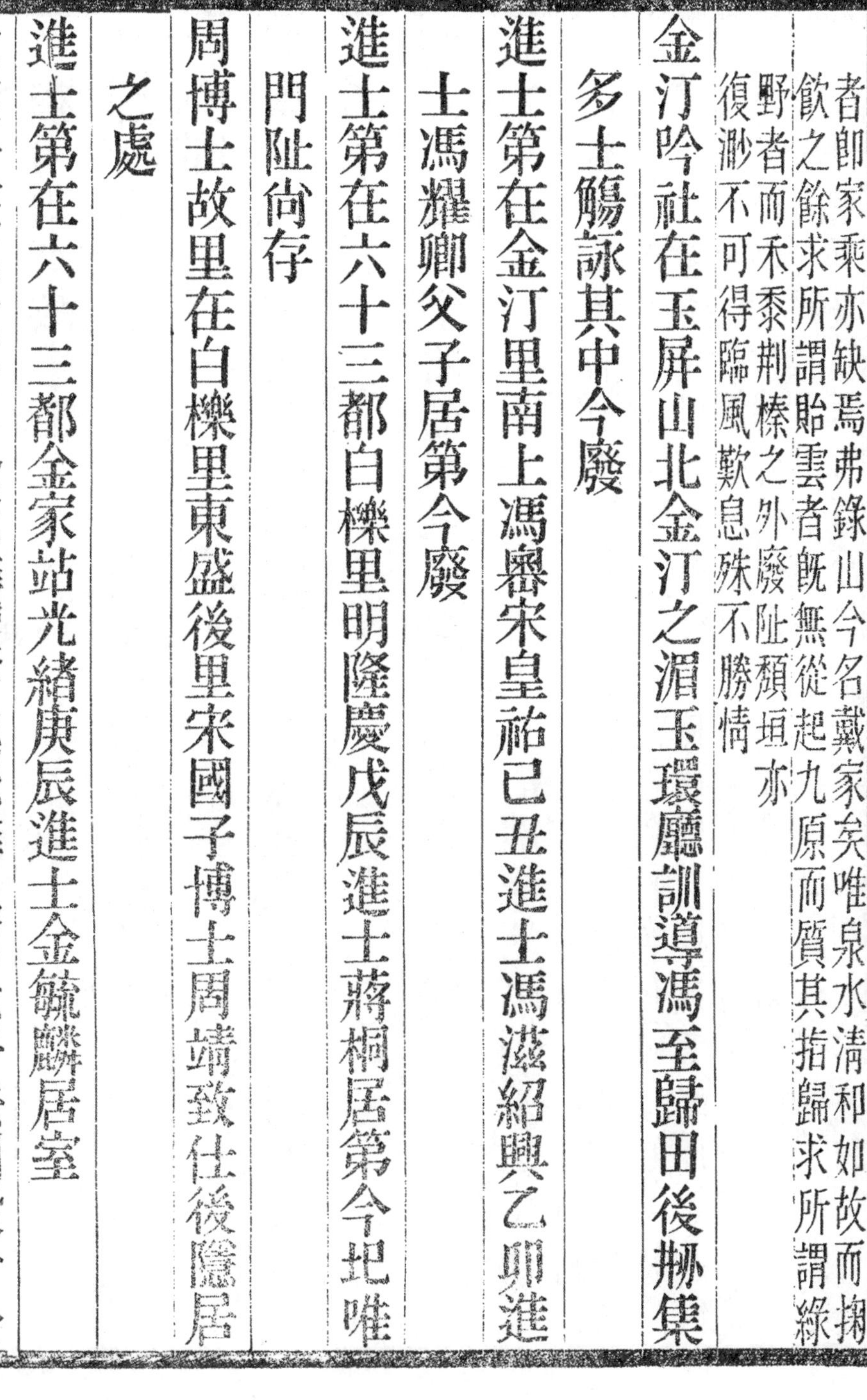
者卽家乘亦缺焉弗錄山今名戴家矣唯泉水清和如故而掬飲之餘求所謂貽雲者旣無從起九原而質其指歸求所謂綠野者而禾黍荆榛之外廢址頹垣亦復渺不可得臨風歎息殊不勝情

金汀吟社在玉屛山北金汀之湄玉環廳訓導馮至歸田後挪集多士觴詠其中今廢

進士第在金汀里南上馮爵宋皇祐己丑進士馮滋紹興乙卯進士馮耀卿父子居第今廢

進士第在六十三都白櫟里明隆慶戊辰進士蔣桐居第今圮唯門阯尚存

周博士故里在白櫟里東盛後里宋國子博士周靖致仕後隱居之處

進士第在六十三都金家站光緒庚辰進士金毓麟居室

七業居在進士第側金毓麟讀書處毓麟祖有七子法劉殷一子

一業之意以名其塾金本劉姓以避錢武肅王嫌名改姓金蓋猶用劉家故事云

烈婦坊在六十三都董公諸生何檢妻屠氏建

西安鄉

觀察第在六十四都檀樹頭順治乙未進士左江兵備道虞宗岱居宅今廢

烈婦坊在六十四都何家山爲宣珙之妻宋氏建

阮家步市在六十四都有上中下三街地臨泌湖魚菜之所集

水南村在六十五都大宣村舊名宣南村亦名水南村在泌湖南故名

王冕次韻王敬助詩小隱水南村喧譁不到門無言及名利適意在田園春雨桑麻長秋風果蓏繁生涯有如此何用覓桃源西圃餘薑蔗東皋足稻粱今年誠有望吾計未全荒倚杖停吟久看雲引興長鄰家新釀熟同醉菊花觴慷慨登高罷風流入醉餘山田禾熟早海國雁來初對客無多論耽眠或廢書東南巖壑美時復命巾車野雲依竹靜霜葉近窗明對此

清幽境都忘喧雜聲看雲庸有感與世竟忘情但願添松竹期君結隱盟豐年眞可樂卻慮鬢邊霜新稻翻匙白香醪出甕黃相逢宜脫略不必問行藏多少淸遊夢無能到帝鄉鄉鄰同社酒亦足敘幽情著作輕莊子悲哀笑賈生荒林孤鳥沒遠浦夕陽明休問東陵後栽瓜即邵平

水南軒在水南村宋水南先生王理故居今廢王冕過水南詩一到水南宅喧囂便不聞窗梅晴破雪庭樹煖淩雲間話經年別忘眠過夜分何時卜鄰住會老細論文

止止齋在水南村元淮東道副使王艮致仕後所築艮晚年自號止齋故名今廢王冕悼止齋王先生詩休致歸來與世違平生所有未全施胸中經緯天人識舌底風雷宰相知論道端然見周召得時元不下臯夔南金東箭誰誰擬綠水青山故故園交采風流今已矣夫何能見紫芝眉中天氣黯星河慘南國春寒草木悲政事堂堂傳兩省論談亹亹儼諸夷老成如此多關係青瑣諸公淚亦垂三月燕山聽子規追思令我淚垂垂雖然事業能經世可惜衣冠在此時霜慘晴窗琴獨冷月明秋水劒雙悲山河萬里人情別回首春風說向誰○近人周章高於齋址築室數楹屢見古衣冠者疑即副使之靈遂捨去此光緒年間事也

明鏡里在六十六都宋爲孔胡里後以明鏡山改名即今互詳山水志

之江藻村錢時明鏡里賦并序余家族缸竈鄉之西長安曰明鏡里其傳舊矣本邑志乃載孔胡夫言明鏡郎三尺童子無不誦說言孔胡郎百年老人無一知解者斯何說也家有九十二翁聞以扣之翁曰若亦知吾居之缸乎吾聞高曾言宋元爲陶者居得玉缸窯中蜃溢而出泛以梅梁沉之湖中蕞爾吳山厥有奇石能發異光蓋玉石同體皆粹精也世故傳爲明鏡里翁語如此然亦人人能言之乙巳之冬余涉自淮泗浮揚子渡錢塘而歸乘一扁舟蓋將抵步時漏下二鼓矣枕夢齁齁舟子忽訝曰此何物者亦如日白如月圓盤走珠累山之巔滚滚山脊欲墜也是其爲天鏡乎余遽起覘之則光猶奕奕也以此知宗老所述謠俗所傳原非謬悠何志者之略也豈采風之猶隘耶慨懷久矣丙辰秋留都公事回涉江舟中適有餽志者閲之慨然有感援筆賦之厥以章里亦誌實也詞曰維東揚之牛渚兮越絕紀其上遊緊句乘之列采兮度祖龍以權頭清淑之巖巒兮巉巉而屼屼鬱勃之鴻龐兮峙杭烏之西安爾其嶀蜒走馬兮乃聳削於白茅越嶺篠之孤律兮出鳴白而羣嶅四望之硌硌兮初湧蓮其峩嵳厥巖尖其岱孫兮若鬬龍之霄摩下則明湖一片兮美倩盼而冠簪百川之源以匯江兮漫孿髻卷而毿鬖鳳鶱翥其離離兮眠狗列其津厓龜玢璘而儼洛兮鬱環迴嶂疊名隴之仙隹緊吳山之嶔崎兮中騻發其天華誰元錫而金膏兮既有燦其菱花昔仲宣識水精於山樵兮張蓋迷黃衣於白雲咸陽徑丈而照骨兮彝則十二而科交竝孕石而濡精兮乃茲塊之鍾聞神炯炯而星流兮氣爍爍而電繞恍流霞之過茂叢兮爛慶雲之遊春沼羌此物之何從兮百鬼突焉

龍從似霹靂之夜驚兮赫連攉其心孔嘗試懸爾於天空兮奚不朗而八方壯士衝悲憤之冠兮幽閨斷凄楚之腸姦雄結白日之翳兮烈士飛赤地之霜幾爍閃其可遺兮付淑慝其靡藏左雲霧之興翳兮右風雨之旁皇僉曰異哉屬月之絳氣兮洶矣連日之碧光載逃覽兮勃發敝敝兮有暨特碣玉臺互兮天門洞巖谿兮地窟青龍之挂角兮鐵匣葎萃靈璧兮聖姑悼兮貞婦兮立望夫浣紗之汨汨兮泣奚光於姑蘇緊石中之瑰奇兮獨茲鏡之昌熠軼咸陽而西京兮羌霞餐而露吸極茲理之變能兮竝大冶於陰陽惟懷奇而蓄變兮乃鬼怪而神祥賤礙砆之類玉兮擲似珠之琅玕奕奕者其靡不之兮射牛斗之芒寒爾其托以立法兮盈圓蓋之鴻暉核以歷絡兮煥方輿其緋威誰為引以自鑒兮燭妍媸而佩弦韋胡春之非紙舊兮青掇列而供研胡弩之非飲羽兮碭纍纍其印懸直嬔美乎宛委之覆盤兮亦金簡玉字而奎纏閟日內瑩外闇以止為容兮其動也時為光為龍兮孕靈雙筍峙帝宮兮文明赫熙德之隆兮紳膏含滋元冥通兮金精陸離吐霓虹兮大都一照人在中兮神鞭山迹問大空兮重曰維德之宅兮洞陽明盪瑕滌穢兮鏡至清羲皇上人兮揭日月而行遠視於邇兮顧斯名峩峩湯湯兮莫京之與

進士第在江藻村中明萬歷丁未進士錢時第宅中為來清堂今圯

來園在進士第西錢時致仕後所築別墅取陶彭澤歸去來之意故名面臨雁宿池鶩以石橋周以曲闌波光掩映頗饒清趣嘗聘山陰王予安孝廉疊爲都講楓橋陳老蓮先生頻遊息其中

西爽樓在來園側方伯孫清平縣知縣錢洪袤藏書之樓今圯

十莖草堂在來園東方伯五世孫錢曰布讀書處今廢

七聲居在江藻村西南黃碧塢中錢時讀書處今廢錢時七聲居記萬歷癸卯

浙之龍門錢子點額來歸裘敝金盡形神落拓怨尤不作怏悒可知也厥有薄田數畦貨易園地一處廣可廿畝去家數里名黃碧塢入山之深可作隱計構屋數楹顏其居曰七聲陶陶然誦讀其中頗自得也有客高奇貌古而臞弔佗其冠神禮其辭迂步扣扉而入曰維山之深闃然無人吾聞子之讀書嘈吰鏜鞳乃作大聲鳥嚶蟲啾雜然而鳴是烏所云七者其毋乃七發七啟之流歟余曰唯唯嘗試與子聯臂而坐並榻而談但適所居烏知其聲之爲七爲八也時維暮秋天湛玉壺蹲鴟可剝新釀可漉嗚嗚然翬翟備色翺翥百步一飲一啄倏而騫越其聲戛戛南山之陰北山之陽谷神不死形神相錯客曰快哉吾聞其爲山梁之時乎逸而唱振而和者何也余笑而不答飄飄蕭蕭大夫招遙客曰何檐頭之颯颯也有上旁皇入焉芬薌繆離之

則兩寂分之則兼耳竟歸之誰氏子耶山高月小水落石出涓涓然箏箏然積水空明流之壁間蓋影出成響籟歸爲空余指之曰蟾蜍能鳴流斷有光非色非空疑有而疑無者也子聽之人間世有是耶爾我相親嗒然其幾喪也厥有竹脉旁有石爐龍井初沸無絃一撥耳根圓通如坐羲皇客曰聲不可即耳不可執不聞而聞隨時變易聞者不聞唯心所得元哉子之言七也請以是懷歸可乎

因述其說以記之

進士第在六十六都墨城明天啓壬戌進士壽成美居宅

翰林第在墨城康熙丙戌進士翰林院檢討壽致潤癸巳進士河南禹州知州壽致浦居室

進士第在墨城康熙壬辰進士湖廣光化縣知縣壽奕磐居室

守經堂在墨城隖道光甲辰舉人壽僑居室

芝厓先生故廬在摘佳尖下　卹贈雲騎尉壽同春舊居今燬　馮至過芝涯詩墨城文墨亦英華學政詞林數舊家一自　天章頒煥彩佳峰佳處萃芝涯　謹案芝係墨城溪名故同春自號芝涯府志作芝厓今從之

泰北鄉

麻車閘市在六十七都市逈東即梓里陽靈女臺在焉

喬文惠寓宅在附六十七都漁鵃山前宋季東陽喬行簡微時贅居漁鵃山孫氏此其寓廬也今廢

寺後莊在吉祥寺後光緒庚寅進士王慶平故里今隸籍上海

趙家步市在附六十七都舊在江西五都花山下粵寇亂後移至江東大侶湖中

泰南鄉

進士第在六十八都高湖涯明崇禎癸未進士余綸 國朝順治壬辰進士余縉康熙壬戌進士綸子一燿縉子毓澄居宅

芝瑞軒在進士第側惠州府知府余毓浩築康熙已亥毓浩兄毓澄偕同年友海甯許汝霖至高湖謁余縉墓夜宿其齋次晨於

榻外忽產靈芝三莖因搆一軒顏曰芝瑞今廢

舍人宅在進士第側內閣中書余一燿居室知縣朱辰題其齋額曰古之學者

觀察第在進士第側道光己丑進士護理建昌兵備道余坤居宅

寓庸室在觀察第內余坤藏書處

蘿月菴在高湖後隝余綸隱遯之處

七松軒在六十八都泰南郎宋之鄭壁里明南安府同知鄭宏父元亮築元亮自號七松居士今廢

山南草堂在泰南村明澧知州鄭欽自泰南遷居大部鄉楓橋鄭家阪此其舊廬也鄭欽山南草堂詩歸老山南覓舊棲草堂只在白雲西緑車響處壢生籠野碓舂時水滿溪果熟樹頭松鼠過雨來花隝竹雞啼回思昔日朝天路十丈紅塵起御隄宦轍馳驅幾歲華歸來白髮照烏紗尋詩著屐青山外修禊流觴綠水涯月下無猿偷柹栗雨餘有客話桑麻幽閒得亭田園樂不用晨昏兩放衙作郡湖湘又十年歸來風景

尚依然一方親友多新冢百里溪山只舊田風月亭臺堪笑傲壺觴籬落任盤旋從今不被浮名絆林下逍遥侶散仙清溪一曲繞村莊載酒閒吟野趣長秋穫田中收稻穗夜吟窗下爇松肪日高麋鹿眠花徑雨過蝸牛上粉牆歸老山間眞吏隱西風舊業未全荒壯歲承恩拜玉墀歸來山徑足棲遲人生妍醜何從問世態炎涼不可醫作郡我除苛刻政休官誰立去思碑試看萬里青雲路還有兒孫折桂枝十年爲郡佩金章回首前程夢一場歲過春冬忘拜表月臨朔望罷行香秋風籬落黄花酒曉月亭臺綠野堂欲棹漁舟隨處樂白鷗波闊釣絲長

南山别墅在泰南村鄭氏遷楓橋後以其舊廬爲别墅今廢鄭天鵬南山别墅詩草廬别在鳳山南門掩松蘿滴水嵐萬頃黄雲香稻熟一簾紅雨小桃酣生胎曉放籠中鶴結繭春登箔上蠶有客問奇時載酒東風花裏試停驂

似園在六十八都東沙埭歲貢生郭肇家園郭肇似園記似園非園也郭子毓蔬之圃在宅東隅厥東稍南藝菊一區花時以本計者二百以類計者五十植以蘂盎羅以髹几坐乎室中而瞭乎庭外窈若無際嘉客戾止酌酒賦詩襲故蹈常七稔於茲客曰族若是繁矣業若是耽矣是其非室庭之事宜有園主人曰吾何園有之非園似園焉入其中瓜疇芋區衡從以列桑柘翳然菊逌其隟故曰非望其外短垣繚圍橘柚垂垂木末芙蓉迎人若傒沐馨餐豔魄

動意移吾謂之園疇曰不宜而主人曰否吾惡乎似之亂眞者故曰似也客有餒顏趦趄不前謂若所睹奚若所傳於戲噫嘻客不見乎簷楠之下欄楯之交若疏若整若俯若喬晶若冰花蒨若朝霞韡若繆豐艷若瓊砂稠若疊霰糾若焚霧若鱗之而若羽偃蹇若奇女墜地有嬋其嬋若幽士在澗有辟其壒目飫神饑取之而備客爲其逸我爲其勞得眞遺似無若啾啾若夫披莽拂叢烈燎沃泉圃師趹叟我御予前夕飆晨雩跂畝頫甕秋以爲期懸目爲曆衆之所疲我之所怡玉津爲儉金谷爲嬉舉似吾園斯爲過之劉來日有遊如川方舟繇似得眞任吾泳遊求似得似吾可以休客曰唯唯引觴促席傴僂匪勞箕踞匪逸馮生芸芸神以爲軌作息閑閑遊方之外敬聞妙論如睞斯睞請錫嘉名名之曰似

進士第在六十九都琅璫山同治戊辰進士湯銘新居宅

安俗鄉

寵山亭舊志在縣東二里放生湖中唐縣令郭密之建今圮湖山亦無可考案宋呂祖謙入越錄出縣東門五里放生橋道左女貞新葉生黃綠間錯如行閩粵荔支林據此知放生橋必在放生湖中其地應隸安俗鄉

又案樓志古蹟志引萬歷府志云龜山亭在縣東二里放生湖中郭密之建山川志引隆慶騶志云放生湖在陶朱鄉縣西南一里縣東縣西一里二里說兩歧矣又名宦志郭密之傳引萬歷府志云築放生湖溉田二千餘頃水利志引浙江通志云湖塘在縣東二里唐天寶中令郭密之築溉田二十餘頃所謂湖塘者即放生湖之塘而二千二十字又兩歧惟嘉泰志與入越錄二說符合其時去唐較近而東萊又身經其地當必不誤故刪去歧說僅錄嘉泰志於山水志中而龜山亭則著錄於此

華表柱村在七十都村有古石坊跨路故名

百歲亭在七十一都長官橋東咸豐九年百歲老人王明山建

應甸莊在百歲亭南郭元宰別墅今廢宋屐宿郭聖臣應甸莊詩蒼莽沈山野氣寒幾家煙傍暮雲殘飢烏呼癸秋將老劫火零丁夢已闌蒔之鱧泉引黃姑分出水葉燒青女煉成丹到來不用增惆悵天地何如洞口寬

馬秀才店在百歲亭東十里牌宋呂祖謙入越錄云出縣東門五里放生橋五里馬秀才店今遺阯無可考

集賢書院在七十二都毛村灘貢生毛棟建顏其堂曰寶林舊在

朱王兩港夾沚景趣幽雅渲安方槃如曾稽徐廷槐村[illegible]講學於此乾隆間舉人樓卜瀍修縣志設局於院後漸圮今移置村中院宇僅存什之一矣

兩世傳芳坊在七十二都碑亭莊光緒丁亥節婦徐如洋妻郭氏暨子炳南妻郭氏建仁和譚廷獻諸暨徐氏兩世傳芳坊詩縣節婦後必昌若可務風義聾女士默爲來者勸來者君子人飲冰齋所願再世五十年惆此心一寸豈復信世間勃谿有頭鈍姑兮媯青蒼婦兮蘭纈綣高節與幽芬扃用造物慇富春山色古源嚴瀨陵阜隔塵溷超然讀書堂令于箠肥遯山林乃養志華胤謝以艮頤園鄰張樹極春霜霰無復恨坊表淩霜高雙節邦爲憲越國尊寶書足徵此文獻

孝義可風坊在兩世傳芳坊左光緒乙巳爲孝子徐職建德清俞樾徐孝子詩草哉徐孝子至行無能併但盡無方養不作有方遊讀不論讌讌讌讌讌不日侍母之膝夜居母之樓樓讌讌讌䡾不母或有不樂笑語常咿嚘母或有小疾焚香露叩頭爲母封厥股爲母瓶其眸鰯瞷之疾爲母執梳枇爲母洗廁牏親故有慶弔旦夕無淹留晨出騎驟行暮歸放驟休蹋乘一之驟歸有不事逾乘一之齣暮小齋曰日省賓客來綢繆名理談程朱詩句聯韓歐忽聞母一呼雙

秧登時投𥜥徉頤園中年年春夏秋依依烏巢內不知有王侯顯嫗鶺鴒雎鸛禮母之遺愛族黨無弗賜遵母之遺命善舉無弗修爲母表苦節上達十二旒爲母卜吉壤踏徧東南州未葬不釋服麻衣如蛘蟒此尤今所希迥異恆人儔鄉里重其孝環向臺司求

天子嘉其孝詔書下所由建坊表門閭貞石工雕鏤衕衢鄰社謳馬曾鷳鵲嬉方今人閒世風俗亦小偷天性日以漓異喙鳴啾啾卓哉徐孝子至行人難侔我爲孝子詩敬俟太史輶

頤園徐孝子養母之所德清俞樾書額并跋且臥徐先生曾以孝子　旌頤園者其所築以奉母者也謹爲題榜以存遺蹟邑人慕其孝義爲輯頤園集傳墨林和頤園主人即景詩園林繁茂烏知歸園主殷勤客忘機老我坐歎青鬢變高人臥看白雲飛桑多帛羨吳蠶好竹密盤添孟筍肥誰及慈烏勤孝養娛親時爲舞萊衣傳振湘與黃雲襄先生重遊頤園詩名園回首溯前遊一別光陰逝水流魚鳥多情憐舊客江山無恙感新秋鶂遊臨風疏柳輸青眼點雪寒蘆映白頭卻笑傳咸任嬾甚飛鴻爪迹不曾留詩見存眞詩鈔兩浙輶軒續錄

諸暨縣志卷四十三

金石志上

舊志金石無箸錄邑士處鄉僻尟見聞間有彝碣聽其漫蝕自施宿嘉泰會稽志箸碑刻李亨特府志始標金石之目而存佚襍載按籍以求十無一二茲編仿山陰杜春生氏越中金石記例分輯存闕訪二類輯存以見存爲斷具載全文碑缺而文可補者字外識以方圍每行文少者依原碑寫多者以小點識於行末石之徑橫高廣字之大小徑圍俱用漢慮俿尺量其分寸闕訪亦錄碻有證據者注明文見某書其散入各卷者注文載某志家藏鼎敦瓦塼眞贋雜出非灼然於諸暨出土者不錄惟邑中古刻無多略變杜例箸錄前明而以時代撰人無徵者附於後

補存

唐

戚處士墓誌石徑二尺一寸八分横二尺五分二十一行行二十一字至二十六字不等正書徑一寸或八九分不等

舊在諸暨靈泉鄉後移藏蕭山縣治西河王蘭陔中丞家

唐故北海戚處士墓誌并序　布衣趙玭

處士諱高字崇景其先北海郡人枝派清邈不可殫言上因官從職遷爲越州諸暨靈泉之里人也曾皇父諱朝皇父諱霞皇考諱防清崇道德風月悏情皆沒跡雲端世推之上也處士才鋒韞銳仁海疑波不重百辟之榮而嗜寸陰之道見一善而忘百非洞施恩而不念報滔滔爲冠世媒階蕩蕩作後來梁櫓何期覆覆載興否三清晦明淑人君子胡不萬齡處士芳壽不或之歲未昇壯室之年有五以中和三年歲次癸卯秋九月甲子朔十九日壬午之

辰天降深祟魂沈逝流遂奄終於後流私第嗣子三男二女孟曰崔婆仲曰鄮啉皆當亂歲禮義未分扶柩嘔啞孰不傷憫痛哉季子董婆襁負懷抱倚廬之門運業何因終天之苦長女娉受周氏禮未及歸幼女齒未及笄遽遭酷罰夫人清河張氏孀情慘裂涕泗交凝笄纚無光蓬鬢髮首泣青萍之去跡哭綠綺之斷絃夫人遂抑哀整容咸告兒女曰禮難可踰吉擇日月善卜名原以年冬十月甲午朔廿七日庚申將窆于石解皇役之塋右壬首之墳原之禮也虞以日居月諸山谷渝變哀告請銘玭宿契金石敢慙璅才掩涕握管而爲銘曰

蕣之華蜉之蝣石之火水之漚四之質難久留其一尊道德洞仁義望長村成大器孰知天與禍至醴泉竭德星墜女未歸男尚稚孀妻房冷秋水覩遺蹤逗雙淚宿何緣無終始泣告余請銘誌

阮元兩浙金石志　右墓誌在諸暨縣誌云不或之歲未昇壯室之年有五處士卒時年僅三十有五何期覆下衍一覆字後流石觧可補縣志之缺

杜春生越中金石記　案嘉泰志諸暨縣西三十里爲靈泉鄉有石蟹里石觧其卽石蟹歟攷此碑已採入全唐文僞趙玭爲澶州人蓋據宋史趙玭傳而言但傳云玭太平興國三年卒年五十八當生於晉天祐十八年梁龍德元年距中和時幾四十載其非一人明矣意玭自署布衣而不箸鄉貫殆亦諸暨人也○靈泉鄉石蟹村今猶存後流無攷靈泉靈字碑作霊怡字作㤥碑文字體不一如聘作娉歸作歸籒文本說文瑣作璅本廣韻怡作㤥通川字戓作或叚借字清遏二字觀語意似當作清遏遏訓遠遯之古字也他若派作𣲖靈作霊解作觧等別體俗書錯

出行閒盞沿六朝故習也嘟字無攷啉字廣韻收二十二覃注云酒巡匝曰啉出酒律亦作㭔玉篇力耽切貪也此別一義覆載句衍一覆字王首之墳原之禮也句據文當作王首之墳之原禮也應是誤倒世字不諱唐碑閒亦有之然暨作曁則又以避睿宗諱旦而然也

晉

青石寺額 正書横列徑六寸餘分小字徑八分至寸餘不等在孝義鄉青石山下

青石寺

晉天福四年立

石無書人名氏蓋卽青石寺額寺圮而額猶存也考吳越武肅王於梁開平二年戊辰建元天寶唐同光二年甲申改元寶大天成元年丙戌改元寶正故王順伯厚之於南宋時收臨安故碑有石屋崇化寺幢題天寶四年明慶寺幢題天寶五年觀音尊勝幢題寶大二年水月寺幢題寶正元年此題晉天福四年者蓋王薨於寶正七年實唐長興之三年其後文穆嗣位承遺命仍用中朝年號故蕭山化度寺幢題長興四年天台高明寺幢題天福二年杭州下天竺開路記題天福四年虎跑寺幢二一題天福八年一題乾祐二年惟諸刻於年號上無唐晉漢等字錢竹汀宮詹云不繫彼國示非所屬也此獨冠以晉字爲微異耳

延慶院鐘銘 鐘徑二尺五寸弟一行三十七字弟二行十二字弟三行十二字弟四行十四字俱正書陰文徑八分宋熙甯七年甲寅重鐫在開化鄉千歲山延慶寺

開化鄉弟子吳公郜并弟少夐男妻室等捐淨財鑄銅鐘一口捨入溪山院慶讚圓就永充供養

院主僧希表捨銅貳拾觔助緣

句當鐘律僧皓明匠人張近寶

開運二年歲次乙巳三月初三日記

案侍中吳少邦卒於乾甯二年乙卯咸通八年丁亥奏改舊讀書之道場院曰溪山院至開運二年少邦已前卒矣殆係其七世孫吳世瑠於宋熙甯七年重修院時重鐫故致年代倒置耳原鐘本鑄於景福元年壬子乾甯二年造鐘樓見宋蕭闕所撰越州諸暨縣延慶院僧法二堂碑陰題識今鐘尚懸於延慶院法堂之左而碑已毀文別載山水志延慶院在縣東開化鄉千

嵗山唐貞觀元年建相傳爲千歲禪師道場因號道場院咸通八年吳少邽重建改名溪山院周顯德元年改名興福永安院宋祥符元年改今額故鐘刻云溪山院而熙甯建碑時則已名延慶院矣

宋

永福院長生穀記 碑連額高四尺三寸廣二尺八寸額篆書長生穀記四字橫列徑三寸四分文連題十一行行字不等行書徑一寸五分跋三行題名二行字不等正書徑八分在金興鄉永福寺

闕穀記

闕天台智者闕十餘字所聽之法又以無所說之法曰法如是吾闕數字落髮院淩□遂於紹興庚申就請開講闕字徒益衆食不能給乃募緣爲長生穀其術大率闕數字之散斂乏之而予二復取之時出以濟不足而常收其贏餘此□□□之術也去嗔居士聞而贊歎乃

作頌曰其乏有濟其出不□其乏有濟其出不匱此聚人理財
□事而浮圖氏得之遂以□長生之利

將作大匠李驎多聞著此記

亞匠事米友仁元暉書於直舍紹興壬戌孟冬二十日

大監李公□永福寺僧了乘作是記　少監米公書之乘得
記歸而長生之□於（闕數字）爲時名人方且進陪國論將推是
意於一談一說之間使飢者食其（闕數字）天下均受其賜豈獨
此一寺而已哉紹興癸亥閏月十日鄭圃（闕）

迪功郎前臨安府新城縣主簿（闕）

朝請郎主管台州崇道觀賜緋魚袋（闕）

碑陰高三尺廣二尺七寸大題一行序三行疏六行題名四行行字俱不等行書徑二寸序徑一寸二分

諸暨縣永福院

當院居臨衝要田畝未多僧徒日增往來雲集堂厨常乏贍給
不前今欲募緣聚長生穀庶使香積永守供□·
右伏以充[弘]道之色身無是則餒濟艱食之饑歲用方不窮如積
千斯倉常飽十方衆緣實非細福亦無邊·
大信施之人共成就此事謹疏

今月[印不可辨]日山門　疏

勾當傳教僧　了乘　仝監院僧　了源
淨慧大師永璋　知藏僧　子昌
賜紫僧　永倫
勅[闕]傳教僧　永皋

[越中金石記]案嘉泰志永福院因梁武帝書堂基建號應國禪

院晉天福七年重建改今額有米元章禮部所書二碑今攷記及募疏皆友仁書志誤以元暉爲元章也李轂富陽人崇甯進士提舉廣東市舶以廉直名爲比部郎秦檜欲以子求轂女爲婿卻之晚年嘗自謂貪與癡盡絕惟嗔未能去因榜所居室曰去嗔著有去嗔居士集見兩浙名賢錄惟錄載轂字彥淵而碑作彥聞殆有二字者歟

宋直寶文閣學士王厚之墓碣 石徑五尺一寸橫二尺一分四行行七字正書徑五寸在龍泉鄉寶峰嶺順伯先生墓前

宋故朝請大夫直
寶文閣學士王公
諱厚之暨顯妣贈
恭人郭氏合墓

案碑左石柱勒大宋嘉泰甲子十一月男友任友雍友沖友櫜敬立一行右柱勒大清道光丁未仲冬裔孫重修一行蓋碣爲宋人書左右二石柱則道光丁未修墓時所立也其墓誌今無存

紹興府新置二莊記碑連額高七尺一寸廣三尺五寸額篆書紹興府新置弍莊記八字二行字徑三寸文十八行行三十三字正書徑一寸宋時建於古博嶺諸暨界後移置紹興府學

曾行題闕

嘉定七年越州初建二莊於諸暨縣古博嶺越之西皆海也水怒防失冒寶盆隳白楊市兩縣間蕩爲滄溟事聞上遠頒經常命太守趙公彥倓築堤捍之起湯灣迄王家浦公又益以留州錢千餘萬役自秋復夏乃畢越人謝曰昔土塘而今石宜可久無患公愀然曰未也堤之始穴尺寸爾慢不省積歲月大

潰矣今歲壯好後將復然石何能爲初民杜思齊獲罪家沒入公請買於安邊所別藏其租以微補煩一也越爲郊畿而民不勝困鄉相迭守而治反疎鹵城堞營廨無不弊缺聘問燕饗無不削損若夫命鄉論秀合樂以侑之古今常禮也然且寂而無聲數十年矣公又歎曰越爲東諸侯率而簡陋至此況以貴儆世哉幸吉在皆略具而鹿鳴歌矣若異日何因思齊之餘又買諸傅氏以待三歲之用二也余知公者故以記來請嗟夫政未有不得其本而後成其末也故捍海之功巨而害原於小舉士之費小而所關者大二莊之作趙公知之矣非特此也劵易米而致鏹三物相流通不貴糴矣持劵索錢昏暮無不與天下坐會子犯法相望不濫罰矣勤收而儉藏以貫萬數者四十乙亥大旱舉以救民不病歲矣有本之效也抑又有焉夫名峰異嶺在揚州蓋百千所獨會稽爲鎮

山越之奇勝峻特擅於東南者以山也其深泉高瀑直道爭流昔人浚而爲湖山之窈窕縈紆媚於越中者以湖也湖今廢矣公能疏鑿以復漢晉之舊存王謝遺跡則治越之美可垂無窮二莊區區又豈足爲公道哉雖然

天子召公歸矣嘉定八年□□□□葉適記章貢曾槃書

兩浙金石志時趙彥倓已改太府少卿召還此蓋因其去任而立也

越中金石記彥倓築堤及買田備事寳慶續會稽志詳言之其資諸生鄉舉費則志所未載也彥倓字安卿宗室子宋史有傳碑中以徼補煩句葉水心集作以備補完是碑書者姓名已泐乾隆府志作曾槃蓋其時尚未闕也槃字樂道禮部侍郎文清公幾孫左司郎中逢子見陸務觀墓誌銘記撰於淳熙五年偁

槃官迪功郎監戶部贍軍烏盆酒庫又乾道六年爲蕭山尉見入蜀記會氏自文清寓越遂世居之書章貢者文清本贛人也

案杜思齊爲諸暨八其沒入官田五百七十八畝皆在暨故建莊於諸暨古博嶺碑舊在莊中後莊圯而碑移府學咸豐辛酉刼後沒於土光緒二十五年府學教授翁壽掘土出之而碑已斷

宣氏壙誌石徑三尺三寸横二尺二寸額篆書先妣宣氏壙誌六字徑三寸三行文十七行行二十字正書徑一寸舊在大部鄉後移金與鄉董村

先妣宣氏世居越之諸暨乃　勑賜助教茂之女建炎庚戌六月一日生紹興丙子歸于　先君張氏諱汝楫字濟仲乃廬守親墓萬和後裔也生於紹興乙卯卒於開禧甲子越二載葬于大部鄉獨山之原

先君既沒妣乃委家務於諸孤優游自適嘉定壬午六月十六日以微恙終于正寢壽九十有三卜十一月二十九日合葬先君之墓子男三人知幾知權知剛知權蚤卒孫男四人經紘綸繹經亦蚤卒孫女二人長適進士趙茂亘次許嫁進士宣立曾孫六人自強自勝自得自誠自亘自亨皆習儒業曾孫女二人長許嫁進士吳之茂次尚穉先妣秉性慈祥寬厚財物鉅細未嘗置懷惟務賙親戚恤貧苦每鄉閭有以匱乏告者卽罄箱篋以與之略無靳色以是長往之日追感德意慟哭者多矣妣年雖高視聽不衰飲食亦倍於常時自謂必得以終百年之養一旦遽成幽隔豈不痛哉忍死以襄大事姑敘梗槩置諸壙云知

幾知剛等泣血謹識

奉直大夫知湖州軍州事宋　濟書諱

越中金石記張萬和諸暨人見唐書孝友傳張氏僅以世業傳家而書諱乃用仕宦郎今世託顯者塡諱之濫觴也

案張汝楫字濟仲邑博士弟子員著有詩集八卷知幾字爾誠知剛字毅菴以孝友聞於鄉其先世由孝感里徙居超越鄉之南湖而汝楫父澡官國子監司業知剛妻父黃嘉禮爲紹興壬子進士人物志有傳是張氏實世胄不僅以儒業傳家也杜氏特未睹其譜系耳誌言汝楫生紹興乙卯卒開禧甲子綱目乃以甲子爲嘉泰四年乙丑改元開禧可據以訂史家之譌獨山爲大部鄉靈峰寺前山葬處名海螺吐肉後爲洪水衝決僅存壙誌乃移置於金興鄉三十三都嵩山董村張氏祠堂

岳珂銅爵 爵徑五寸圍三寸中高五寸六分中容四合重四百八十九銖鐫精忠報國四篆徑五分左側有小印曰岳珂造無年月明萬歷中諸暨山中出土今歸桐鄉金氏

金德輿岳珂銅爵記 爵高五寸六分深二寸七分口徑長四寸五分闊二寸三分腹容四合重五百十四銖中鐫精忠報國字左側有小印曰岳珂造案岳元聲精忠類編宋孝宗在潛邸念忠武之冤鑄全身銅像鐫宋紹興三十二年壬午秋七月樞密司判樂則生造子霖敬祀緜緜永傳又岳珂於嘉泰四年鑄奉祀忠武祭器宋亡悉埋土中明萬歷間始得自諸暨山中歸奉

金陀坊第之家廟是爵蓋祭器中之一向藏汪明府垕家其所由來已不可考明府歿後爵歸余因徵詩文記之行將訪王之裔歸之廟中以垂永久並可補入西湖志中也乾隆己酉秋九月桐鄉少權甫書於桂枝樹軒

案忠武死時年三十九長子雲年纔二十三珂爲忠武第三子霖子度珂當孝宗即位時年尚幼未能即製祭器攷宋史珂於嘉定閒上籲天辨誣集天定録祭器當作於是時也舊志言忠武訪陳協於邑之店口村今紫巖鄉尚有岳駐牛皋嶺俗名有覺嶺等地名皆近店口故諸暨山中得有此銅爵

梁國喬氏夫人墓誌石徑二尺五寸橫二尺十二行行二十二字正書徑七分未鐫葉昌摹刊四字亦正書徑三分藏三十六都鍾一枝家

梁國喬氏前脩職郎臨安府富陽縣主簿趙希坙之配殳

夢符開禧間監察御史夫人生十五年而御史歿又八年歸于我夫人儒家女識理道先是吾母死且久　先君將以家事屬冢婦歙然不敢承嘉定甲申秋　先君出守荆門諸季以宦學不克侍余賴之盡子婦之職閱年　先君病侍藥不懈　先君歿且歸於是念門戸之甚重弱風檣之屢危憂且懼食益少矣秋七月　先君喪抵敝廬冬十有一月奉襄事凡事之出於内者悉繇之月之八日得疾卒享年三十有三惟余家比多故蓋十年間期功齊斬之制靡歲不有昔人謂以是累夫人之壽者誠然耶何其事儷而慼同也葬以寶慶丁亥三月庚申地在越州諸暨縣金與鄉南莊之原子女各一人皆幼希埀誌

葉昌摹刊

按希埀見宋史宗室世系父師燿宋史無傳誌云出守荆門可

補宋史之遺師燿父伯槦紹熙元年庚戌進士見趙氏譜金興
鄉今仍舊名光緒丙申冬土人於離鐘山寺三里許鍾家前山
開壙掘土二尺得此石誌中御出繇之各一人皆幼共九字出
土時傷於鋤文有剝落

文應廟牒碑高五尺廣三尺一寸三列上列首行行書徑三寸牒三十六行行字不等正書徑五分中列牒文五行行字不等行書徑五寸年月一行徑二寸下列題銜三行正書徑五寸末鐫本邑黄昕刊五字在莪家嶺裏松山廟

尚書省牒

禮部狀準都省批下紹興府狀據諸暨縣申備據父老宋禧等伍
拾壹名□□□朝廷褒封祀典有陰功顯跡爲國於民者所屬州
縣備奏特與褒賞降予恩例今禧等竊□□縣陶朱鄉有松山廟
立于山巔自古相傳是前漢會稽太守朱公買臣之祠始者邑人
但循前轍□未有據於紹興年間左朝散大夫郭亢重修間因得

舊廟題梁乃知東漢陽嘉三年建立遂有□□果然不誣廟食此
方公私祈求雨暘扣禱往往奔趨於祠下者殆無虛日自□□□
以至於我
宋不知幾千年矣至慶元年間祭人以登降之□□有文思者遂
□□□□□□颶者寘于山根後因再建遂掘古墓於石砥
問竟得碑碣□□陽嘉祠之□□□□□其中猶可□□□者
益證本祠之事不可掩也且知在唐黃巢連陷鄆沂等州時賊勢
突來眾見旌旗皆松山神號因郎日遁遠于　本朝方臘爲逆將
入縣境忽遇一嫗業屨路傍每長尺五賊怪問之藉免神討竟不
入界近至婺寇孫破面唐軍一等猖獗爲虐民不奠居弓兵因□
□□□□縣尉楊迪功者賈勇乞靈於祠下欣得協吉方一鼓
作氣於賊壘之里許時賊人已望旗幟滿目無非松山神兵肆字

藉此免致糜爛之患甚至前歲柒月初玖日烈風雷雨雹子降散屋瓦禾木□□□□湖滔滔而泛漲民居□□而□安適値憲使項郎中行臺閭邑官□禱于□庭頭□止息如去秋蝗虫□□□虎□□□我生靈皆賴神力驅遣不敢入境以致旱魃爲虐□□□□瘦癘爲災邑境□□□縣□□創保安會祈拜本廟有變災作祥之兆□□□□之休有求卽感有禱隨應顯立功効此係近年之事迹固不可以一二枚數尤不可以□□□□所以人心愈敬有闕數字。

寵錫之恩爲念由是不敢□□是用言神靈異闕數字。

大禮又累奉恩赦每見頒降□□壹項於闕數字

旨施行□□□□今來本廟有古今之陰功□□□□□□□共戴闕十餘字而人負神皆有忸怩乞備申朝廷覈奏取。

諸暨金石志□輯存

旨給賜褒封庶慰人心歸嚮之情本縣□□父老宋禧等陳詞備
述神功保明事實申乞指揮施行府司所據諸暨縣申乞備述因
依在前伏乞指揮後批送禮部勘當申尚書省本部尋連送太常
寺勘當去後據太常寺申本寺檢準慶元□令諸道有神祠祈禱
靈應□□□請朝廷祀典者宜加官爵封號廟額者别具事狀保
明申轉運司本司委鄰州官詢究到再委别州不干礙官覆實訖
具事實保奏今準連送下都省批下紹興府申據諸暨縣申乞本
縣松山廟朱買臣祠乞褒封事照得申稱委有節次着實靈應事
跡今來本府申到本寺未敢擅便□□□勘當伏乞省部備申朝
廷如從所乞候批下日行下本寺以憑擬封廟額施行申部
本部所據太常寺申到事理備錄在前如蒙朝廷許從太常寺申
到事理伏乞批送今狀下部連下太常寺以憑擬封施行伏候指

揮又後批送禮部從勘當到事理施行□□尋連送太常寺遵從
都省批狀指揮擬封去後據太常寺申準省部連送下準都省批
下禮部申勘當到紹興府申乞松山廟朱買臣祠褒封事後批送
禮部從勘當到事理施行送寺遵從都省批狀指揮擬封施行本
寺今遵從都省批狀指揮擬賜廟額今欲擬文應廟爲額合行降
勅伏乞省部備申朝廷取
旨賜額施行申部本部所據太常寺申到並備錄在前伏乞朝廷
指揮施行伏候
指揮玖月叁日奉
聖旨依
牒奉
勅宜賜文應廟爲額牒至準
　　　　　　　　　　　　　　　　　　　　　　　　　　　　　　　　　　　參知政事游
　　　　　　　　　　　　　　　　　　　　　　　　　　　　　　　　　　　右丞相

勑故牒

左丞相

嘉熙肆年玖月[尚書省印]日牒

本邑黃昕刊

越中金石記陽嘉爲漢順帝年號順帝永建四年分會稽爲吳郡會稽還治山陰下距陽嘉三年僅六載此必翁子先有祠於吳分郡之後民不忘其功德復從而祠之吾越有嚴助廟當亦如此若以翁子爲越人則助亦越人矣牒後參知政事游者游佶也右丞相則史嵩之左丞相則李宗勉也

案邑又有嚴助墓或助與翁子後皆遷於越亦未可知然不敢臆斷也方臘兵謀入縣境事宋史不載可仍以補闕

文應廟記 碑連額高五尺七寸廣二尺九寸額篆書勑賜文應廟記六字二行字徑三寸五分記二十五行行四十字正書徑一寸在蕺家嶺裏松山廟

紹興府諸暨縣松山　勑賜文應廟記

暨陽爲邑左山右水澤地勢高下殊絕故旱澇輒暴至嘉熙歲庚子秋七月積陰不開霖雨大注霹靂震霆巨電交作民大駭邑令尹祈於四墉弗應鄉耆老祈於社里弗應於是川流驟漲四野瀰漫如澤國壞室廬損苗稼穉老籲頞曰噫年饑矣適提點刑獄使者項公容孫行部至縣召父老曰古者能禦大菑能捍大患必有山川英靈之氣鍾爲明神而邑之神寔無禦菑捍患者僉曰吾邑松山朱太守之神生而父毋吾邦歿而血食鄉井盍禱焉翊日吏率其寮佐民會其保伍走祠下瓣香致敬拜伏未興濃雲忽散霽色如鏡洪波既息禾則盡起吏民大喜相與議曰何以報神賜遂以事上府府大帥蔡公範聞於

朝　聖天子嘉之下太常寺議廟號嘉熙四年九月三日

勑賜文應廟秩於祀典也命下之日閭里讙呼歎未曾覩因鳩材以葺祠宇闢重門揭廟額仍刻石登載始末按班固漢史侯姓朱諱買臣會稽郡人或以爲暨陽郎其所居邑由布衣以策干漢武帝奮身山□置之近密武帝伐南粵侯以丞相長史出爲會稽守守故鄉故於是邑宜有祠祠居山之巔今徙於麓□人憚登陟而徙之也紹興間左朝散大夫郭公亢新其棟宇驗樑木舊題乃東漢陽嘉三年所建者老傳唐末黃巢之變賊入縣境有見來旗書松山神號者因遁去

本朝宣和甲辰妖人方臘嘯聚欲入境神見一嫗織巨屨賊怪問之嫗曰將以供官軍賊遽退慶元戊午鹽寇跳梁尉楊思忠禱之得吉卜整衆擒賊賊望見神旗如櫜時驚駭而隤凡邑之旱蝗水災癘疫無禱不應於太學科舉之士占其得失尤驗今禮官以文

應定廟額蓋取史臣語內外以文相應之義而傳□謂露印綬鸞邸吏等語余讀至此未嘗無疑焉侯之事業已素定於孤窮未遇之時非若僥倖而驟至者若果如傳所載乃閭里賤丈夫淺中狹量者之爲誰謂荷薪誦書負邁往淩雲之氣者而肯爲之哉□□必有所據矣廟成捐金而創議者邑令家坤翁進士姚璣待補國學生郭自知進士陳昌言蔣允恭尹子敬幹緣高瑢暨鄉邑贊助者幾千人鳩工而庀事者亦姚璣董之摭其實而書之者開封趙希鵠也書畢復爲迎享送神之歌歌曰

陶峯聳兮髻而藍　縈二水兮秋月環
雲棟起兮鬱松關　侯兮歸來樂且閑
肆維牲兮釃爲醴　達馨香兮薦嘉旨
侯不我吐兮心則喜　歲歲春秋兮受多祉

雲旗翳兮蹌蹌　玉虬駕兮飇之揚

侯雖往兮終返故鄉　欲雨則雨兮暘則暘。

淳祐甲辰二月既望宣教郎知紹興府諸暨縣主管勸農公事

兼弓手寨兵軍正家　坤翁　立。

越中金石記漢書朱買臣傳初爲中大夫侍中坐事免官復待

詔上書言事拜會稽太守碑以爲由丞相長史爲守者誤也或

至以買臣爲暨邑人則剡錄亦云暨陽有買臣書堂故有是說

碑又云嘉熙庚子提刑項容孫行部至縣庚子爲嘉熙四年寶

慶志載容孫以二年五月到任三年二月除尙左郎官豈有至

四年七月尙未去官之理及攷嘉熙四年所降廟牒具述父老

請封之詞偁前歲七月初九日烈風虐雨値憲使項郎中行臺

至邑云云其所謂前歲者指二年之事碑因得封在四年遂誤

仍爲一年中事耳家坤翁眉州人爲令甚有政績嘗築長官堤障水植柳其旁人偁家公萬柳堤見於越新編今縣祀名宦焉

趙希鵠諸暨人縣志載爲嘉定十六年進士而紹興進士題名碑無之當以本貫玉牒不繫於縣故題名所不及也

案記言嘉熙庚子邑災事可補縣志之遺宋宗室徙諸暨者曰伯橚紹熙庚戌進士曰希㞒寶祐丙辰進士皆以本貫玉牒不載紹興題名碑不獨希鵠一人也

奉議趙公壙誌 石徑三尺三寸橫二尺一寸十六行行二十一字正書徑一寸一分在南城趙氏祠堂

宋通州通判奉議趙公壙誌

先君諱師㷆字龢叔 燕懿王七世孫曾祖令玲故保義郎贈朝議大夫妣蔚氏繼妣王氏皆贈恭人祖子濤故保[寧]軍承宣使安定郡王贈少師妣齊國夫人孫氏

考伯𣞀故朝奉大夫知南外宗正事贈太中大夫妣唐氏繼妣劉氏皆贈令人　先君生於〔淳〕熙戊戌以嘉定庚午預閩漕薦庚辰以宗正官正郎補將仕郎初筮房州竹山縣尉改池州東流縣尉次監　行在贍軍激賞東酒庫次臨安府觀察推官改監雷州在城鹽稅次監嘉興府海鹽縣砂腰鹽場以考舉及格改通直郎僉書〔寧〕國軍節度判官廳公事兩易僉書平江軍節度判官廳公事次通判通州滿秩東歸中道感疾而歿實〔淳〕祐壬子十一月丙戌也官至奉議郎享年七十有五娶過氏繼李氏俱贈孺人男一人希至國子監進士孫二人慶孫壽孫又明年正月乙酉合葬於紹興府諸暨縣陶朱山　先妣過氏之兆蓋治命也希至泣血謹識諸壙

越中金石記宋史宗室世系表燕王德昭生舒國公惟忠惟忠生齊陽侯從穎從穎生昌國公世膺卽令玲父也表載希至子與鐵與鑄與鋪此云慶孫壽孫蓋其小字致神宗封太祖子孫一人世爲安定郡王高宗時燕秦王二房爭襲禮官議燕王太祖長子應令其後承襲然其爵不由世及擇屬近而尊行者襲之子濤所由得嗣封一次也碑無塡諱人名故玲濤樠三字皆缺筆此碑雍正年間出土適趙氏後裔見之告知族人向鄺姓贖地還棺骨已化因重加封志而舁碑於祠堂焉

棻伯樠十二子長師燿次師爕師熵師熙師烝師烋師煛師熏師光師燧師樵師熋師燿子希垩妻喬氏卒希垩自箸墓誌前已箸錄而師熙長子卽希至也世系表載希至子三人誌祇二人其時與鋪尚未生也與鑄又名友武見趙氏譜蓋并壽孫爲

三名矣記云玲濤二字以諱缺末筆而煕字獨末缺何歟淳祐壬子之明年則寶祐元年癸丑也誌又言以嘉定庚午預漕薦庚辰以宗正官正郎補將仕郎初筮房州竹山縣尉是師煕並未成進士馮至允都名教錄以師煕爲嘉定庚辰進士則以趙氏譜而沿誤也

元

田處士墓壙塼徑一尺六分横五寸五分厚二寸五分左側鐫二十字作二行隸書徑一寸墓在縣北紫巖山麓荒廢已久塼爲樵牧作礪者多矣此其一也藏蔣笠山家

有故縣尹東谿處士田公

大元乙未元貞六年謹誌

元貞爲成宗年號甎塼文似曾爲縣尹而退間者今邑三港口猶有田姓又山陰天樂鄉歡潭居民以田爲大姓地皆近紫巖不知處士爲何處人也

元告除科派指揮碑高二尺七寸廣二尺三寸七行行二十四字正書徑一寸又一行正書和糴和買等事六字徑五分又蒙古文一行徑三寸七分中三小字爲國書徑五分又一行書紀□□行四字朱年月一行俱正書徑五分在陶朱鄉正一都

皇帝聖旨裏紹興路諸暨州據陶朱鄉正一都里正王一中等連名狀告本都自歸附後官司內分地面城子裏另設西南北三隅余上地面止管民戶二百余家乞充正一都里正應役辦事每遇大小和買和糴俱作全都作數科派告乞今後擬作半都科派實爲便益事得此除外合下仰照驗施行須至旨揮

右下陶朱鄉正一都准此

和糴和買等事

□□□□口□冂卣印□□（此行爲蒙古篆文徑三寸七分中三小字爲國書徑五分）押押

紀□□行

（上闕數字）知州□奉口三年六月初五日押各戶公出

越中金石記正一都以有坿一都而名萬歷府志載宋陶朱鄉半在城內半在城外元以城內之半分爲西北南三隅城外之半爲正一坿一兩都年號上僅偏旁一口字可辨案元年號至治致和皆從口但致和止有元年此爲至治無疑矣蒙古篆文剝蝕難摹惟國書卣字即漢書五字也清析可辨詳其文義蓋至治三年六月初五日九字也

案郎分城內西南北三隅城外正一坿一兩都時所給坿一都

當亦有此碑今佚

明

姚太常墓碣銘 碑連額高八尺二寸廣三尺額篆書通議大夫太常卿姚公墓碣銘十二字三行徑二寸五分題一行十二字題名三行字不等文二十七行行六十三四字至五六字不等年月一行俱正書徑七分在義安鄉八都里亭廟對山杭烏山西麓墓前

通議大夫太常卿姚公墓碣銘

少保禮部尚書兼武英殿大學士國史總裁南郡楊溥撰文

□議大夫吏部尚書□□□□載□□

□議大夫吏部左侍郎蕭山魏驥篆額

正統三年春正月丙申太常卿姚友直卒于官子忠奉其喪歸葬

制得立碑翰林侍讀陳汝同具其事請文刻諸石序曰 公姓姚氏

諱錤字友直以字行世居紹興之蕭山曾祖正祖道考叔遠世有

善譽于鄉里母俞氏知詩書大義公七歲而父歿弟友諒在襁褓
公朝夕侍母傍視聽專一母夫人嘗拭淚歎曰不幸夫蚤世幸孤
兒若此倘有望重以田園之富慮族人不利于公戒其出入食飲
公自是絕不食飲于族人家年十三即感奮力學其執友壽穀魏
先生原明尤刮目謂公他日必有成立甫弱冠充邑庠生洪武癸
酉以詩經領鄉薦明年中會試
廷試賜進士出身授中書舍人改翰林侍書嘗請告歸省母夫人
以年高見其孤子清貴喜溢顏色及還京復授中書舍人
仁廟初正儲位朝廷擇輔導之臣陞司經局洗馬授奉訓大夫以
母喪去官公念母夫人早寡育子于成哀毀踰禮服闋復任
命授四皇孫靳獻王書王以賓禮待之王薨復
命授八皇孫□□書辭謝

諭至再三乃受。

命未幾陞左春坊左庶子公爲宮僚二十年清慎始終凡所顧問

皆以正對未嘗有阿避亦未嘗以寵眷乞毫髮。

恩面是久益見重。

仁廟嗣統八皇孫封滕王建國雲南轉公雲南布政司左參政掌

滕王府長史司事。

□□□□□□□追贈乃祖及父以其官母及妻皆淑人是

年滕王薨。

宣廟改元之初將。

郊祀乃擢公太常卿朝議咸以爲得人時同官有汚行郎奏黜之

公素清心寡欲其領太常奉祀典克□誠敬以達。

神明九年。

賜誥進階通議大夫正統元年冬以疾乞致事。

詔不允。

命太醫院擇良醫療之二年正月疾愈復視事十月甘露降于庭柏者浹二旬公祕不以言所知或爲公賀公笑曰子謂祥乎我謂我之死兆也賀者曰公何爲出此言。曰子不聞諸古乎華陰民家甘露降令出按之老人告曰此樹之精液湧迸耳明年必不榮矣已而果然以是知其兆在我也十二月疾復作卒之日召其□友司經。正字沈孟欽曁汝同語之曰子素知我平生無過人者惟確守□□大閑行吾分內事耳荷。

國厚恩不能報吾心殊耿耿南郡楊公素不鄙予幸爲予達此意語畢而卒不及家事享年七十有三禮部以聞。

詔遣尙書毗陵胡公諭祭之。

命有司給舟車歸其喪營葬焉公初娶秦氏□□繼室沃氏男三長懃□次忠娶暨陽俞氏次恕尚幼女三長妙安適同邑李益次□□適□□魏宗次妙常在室□□●□□□□□南忠卜是年十二月二十二日壬申葬□□□□東山之原公廉靜有氣岸善知人寡交游心所不足者雖日相對不交一言或過加以辭色輒以理折之雖權貴不避其爲詩文有逸思但不汲汲爲之亦不易求予與之交四十年相知最深旣書其事復爲之銘曰●

篯自孤遺奮厥志歷居清顯恆自勵其唯弗行行乃誼其唯弗言言乃厲貴我道義忘勢利視彼庸庸相倍蓰公兮長往我誰比我作公銘庶無愧●

正統三年冬十二月（下泐數字）

碑已剝蝕字蹟漫滅十之三今據姚氏譜以塡補泐處猶不足

姚友直杭烏山麓之上曹塢人村有溪溪西屬蕭溪東屬暨故籍隸蕭山而其墓則在暨境也府志作洪武丙子舉人丁丑進士浙江通志亦然碑言洪武癸酉以詩經領鄉薦字蹟明顯初未磨泐可仍以訂省府志之譌楊溥字宏濟石首人累官禮部尚書正統三年進少保武英殿大學士正立碑之年其自署郡望曰南郡故當時三楊別溥曰南楊也書丹人姓名已泐僅餘一載字可辨攷明史列傳有黃宗載者字厚夫豐城人英宗初遷南京吏部尚書與碑題銜相符殆其人歟魏驥字仲房府志作仲彥正統三年召試行在吏部左侍郎亦正立碑之年故題銜如此攷成化初知府戴琥築麻溪開磧堰實驥陰主其謀史稱其脩塘堰捍江潮興湖利正指此事謀蕭利而遺暨害是殆以鄰國爲壑者戴公水利碑記有云諸暨將成巨浸唯有付之於天

而已受制巨室不能爲暨民請命而爲此言可嘅焉坿識之

靈惠王廟碑碑高五尺六寸廣二尺二寸額篆書諸暨江東廟碑六字徑三寸題一行六字題名三行字不等文十九行行四十五字年月一行末題名及鐫字人一行俱正書徑八分在江東靈惠王廟中

諸暨江東廟碑

賜進士出身翰林院國史編脩文林郎　四明楊　守誠撰

奉政大夫尚寶司卿　松陵凌　信書丹

賜進士出身資政大夫刑部尚書　古鄮陸　瑜篆額

越諸暨浣江之東有神祠焉曰江東聖濟廟神姓石氏名固秦時生于贑殁而爲神其始有廟在贑之崇福里人稱石固王廟後徙贑江東之雷岡今四方所謂江東廟者本此吳楊溥嘗署爲昭聖王宋五封至崇惠顯慶昭烈忠佑王賜廟額曰嘉濟元三易爲護國普仁崇惠靈應聖烈忠佑王更廟額曰聖濟宋贑縣尉莆田傅

煒嘗爲撰籤辭百章，今行於世。唐以來廟碑謂漢高六年潁陰侯灌嬰討南粵，神報嬰以克捷之期，故有廟祀。唐大中元年里人行禱有奇徵，故徙廟而益崇奉之。宋元祐間夏旱洎東城災，先後皆應禱，有降雨滅火之驗。隆祐太后脫金人於造水，都統制李耕殲叛兵山寇，皆其陰翊之力。餘靈驗尤夥，其跡皆在于牘，載於嘉濟實錄者尤詳。諸暨之有廟始自。

國朝知縣吳亨、縣丞凌顯所創，凡邑人雨暘災祥之禱無不響應之者。永樂中姑蘇成先生胤來典邑教，命二子規、矩應浙之鄉選，矩占于神，得第六十之籤，其辭曰：羨君兄弟好名聲，只管謙撝莫自矜。丹桂槐黃相逼逐，巍巍科甲兩同登。已而兄弟果皆與選。規仕終監察御史，矩今爲寧波教授，不忘靈貺，請書其事于石。惟昆侖旁礴之氣，上爲三辰，下爲河嶽，而中爲人，人得是氣之剛烈悠駿傑特而不群者必發爲奇勛偉績以振耀于無窮其或沈冥鬱堙而不能發則其歿也必爲昭明焄蒿悽愴以驚動人而禍福之靈變偉奇跨越宇宙猶之暈適背鐍彗孛飛流亦皆氣之所發者也若神者其生時行事不少槩見於世而死迺誕敷威靈廟食于天下百世非得剛大久特之氣既歿而後發者與其禦災捍患著在今昔較夫生有功烈於民法宜祀者吾未能以彼少此也故徇教授君之請爲序其事復作迎享送神樂歌并刻之使越人歌以祀神歌曰

大儀儲精在顓堙鬱決斻潰癰躬若霆發烈騰九阬永有廟祀

蘭堂菂房靈輅泣止騎從合沓熛詭粼幃翠旌華覆芬樹威威

燔[火奄]羶薌見蕭光百末旨酒湛嘉觴腥肆爛膾和致芳鳴鼗絙

琴趙簫倡函宮列羽激清商衆嫭傳芭舞鶤鵾神夕奄霙既孔

饗駕塵張風敺高驤前驅素螭後矞皇聿來青玄撫機槍降甘
靈雨濊八荒甌窶汙邪穀穰穰馮蠵切和濤不揚四梢夔魋扶
猶狂稚耋摶摶愉以康闔靈隤祉霈滂洋我民冀覿以肆章春
秋精禋邁延長

成化元年歲在乙酉秋八月朔旦將仕佐郎寧波府儒學教授姑
蘇成矩立石

諸暨縣知縣劉必賢　　鄞城茅文澤鐫

碑嵌廟壁不受風霜剝蝕故字蹟完好記敘成氏兄弟占籤獲
驗前志亦載其事又載訓導李承古其二子贊貢科第得門闌
喜氣事雙雙之句後兄弟果同登甲辰進士其靈應類如此今
則罕有聞矣楊守陳守維新鄞縣人景泰二年進士官吏部右
侍郎卒謚文懿贈禮部尚書弟守阯子茂元茂仁從弟守隨守

陽明史俱有傳亦盛門也知縣劉必賢前志天順五年任天順八年曹銓任碑立於成化元年而知縣尚鐫劉名何邪

尊經閣碑碑連額高五尺六寸五分廣二尺四寸三分額篆書諸暨縣儒學尊經閣碑九字徑四寸三行記題一行九字文十八行行四十二字年月一行俱正書徑六分在尊經閣

諸暨縣儒學尊經閣碑

賜進士及第通議大夫工部右侍郎兼翰林院學士经筵官國史副捴裁制誥永新劉定之撰文。

資善大夫吏部尚書致仕進階一品蕭山魏驥書丹。

資善大夫刑部尚書四明陸瑜篆額。

浙之紹興郡諸暨縣其儒學在縣治西今縣令滿城曹銓東衛登科來蒞既□政孚民遵撤舊毀而宏壯之其藏書之所昔未有也乃於明倫堂北爲屋其制下上兩重庋書于上以遠濕□水土之

氣中左右三間以書之多若是焉乃克有容也上之中間揭榜于楣曰尊經閣以古聖所作經今聖朝所頒降者爲當尊而賢哲所述史子集群書次第列焉故名若是也既成教諭貴溪周祐訓導吉水李永廬陵李譙具械戒徒駱章至京曰祐之姪仕朝者刑部員外郎宗用謁予文將勒諸石夫經之當尊非徒外須崇庋之而已也易曰人有嫌疑猶豫以求焉而導之於向善背惡其理微矣書敘致治本末五三帝王之成規以程法來世其綱紀宏矣詩發于人情而郊廟朝廷閭巷之故可以興觀羣怨其體用備矣春秋命德討罪輝衮鉞斧以立天下國家之防其法嚴矣禮何莫不宜由也由則人不由禮則夷狄禽獸其發育峻極優優乎大哉矣古聖作是蓋經常之道攸載暫焉頃刻久焉萬億世不可離可離則豈所謂經常之道不可離則

其有不當尊信而以吾心身知行之哉非徒外貌崇庋之於斯閣而已也由經以及群書其適之由所尊逮所卑固有序焉大凡人莫不知尊天亦莫不知尊君親其尊是經也莫不當若天若君親然何也以其能生成我一也魯論曰君子有三畏畏天命畏大人畏聖人之言尊經即所謂畏聖人之言尊君親即所謂畏大人尊天云者固畏敬以求全其所命之理非仰其蒼然而有禱也然則以尊經名斯閣本孔子之旨也閣成以成化戊子之春正月銘之曰

上帝降衷父母生之惟

皇君臨教以成之成之伊何曰以聖經尊經伊何探討服行蘊爲

德業奮功發名報

主用世亦顯其親仰焉不愧戴天爲人高閣邃嚴其中經尊旁側

萬卷次羽鬣鱗勉哉日夕諸曁冠紳三絶簡編勿令如新

大明成化四年歲在戊子八月中秋日立

縣丞磁州趙胤　主簿永安李雅　典史達縣杜恭

案劉文安字主靜正統元年會元第三名及第官至禮部左侍郎卒贈禮部尚書其官翰林院學士始於天順時憲宗立進太常少卿兼侍讀學士直經筵成化二年以本官入直文淵閣進工部右侍郎兼翰林院學士是碑立於成化四年文安已入閣矣題銜祗係翰林學士經筵官而不及入直文淵閣工部右侍郎魏文靖字仲彥永樂乙酉舉人正統三年召試行在吏部左侍郎踰年實授八年改禮部十四年進尚書景泰元年致仕成化七年卒是文靖以禮部尚書致仕其官吏部則爲左侍郎而非尚書也碑又何以係吏部尚書致仕耶陸瑜鄞人宣德癸丑

進士曹銓字秉衡滿城人天順八年任周祐李永李謙俱見職官表永字懷永蕪湖人事蹟載名宦志魏文靖題銜府志列傳亦誤作吏部尚書省志不誤

諸暨縣重建廟學記碑連額高六尺三寸三分廣三尺額篆書諸暨縣重建廟學之記九字徑四寸三行記題一行八字銜名五行行字不等文十六行行四十五字年月一行俱正書徑九分在學宮明倫堂

諸暨縣重建廟學記

賜進士及第通議大夫兵部左侍郎兼翰林院學士知

制誥　經筵官淳安　商輅撰

賜進士出身資善大夫吏部尚書桐廬　姚夔書

賜進士出身中順大夫

欽差浙江按察司提調學校副使安福　劉釪篆

諸暨縣學在縣治西宋淳熙間由縣東遷建於此元季毀於兵入

國朝洪武初重建至是百年矣雖中間長吏時加繕葺然歲久材老傾圮相尋成化甲申進士满城曹銓秉衡來宰是□顧瞻嘆嗟始用屬意適董學憲副安福劉釪仗和脩學檄至克符此心遂謀諸同寅各捐俸貲以倡邑之賢士□□□事者咸爭先樂助於是鳩工歛材卜日就事首大成殿次兩廡戟門次明倫堂左右二齋悉撤其舊而新之棟□□□簷牙翼飛規制之盛藻飾之美視昔有加初生徒號舍迫兩廡後甚隘且褻乃闢而廣之各構層樓凡數十間蕆修□所游息有地以至庾庫庖湢靡不有次學之前舊惟直道自西南經其北橫達於東茲復築堤改道東西半環於□□是過者興歎瞻者起敬以為廟學一新士風其益盛矣是役也經始於丁亥五月明年九月畢工教諭貴溪周祐訓□吉水李承廬陵李謙合庠生酈祥蔡麓輩議曰學校之興尹之力也非有記

遮何以詔後乃具顛末介貢士駱□□□來請惟天下事其合也以時其成也以機不際其時不契其機昔之爲邑固有不伸其志而去者矣時□而機應事□由濟也今喬令方注意而憲檄適臨不謀而同非其時乎事與時偶非其機乎得其時而乘其機人用□和財不民□此廟學所以不踰年而遂致完美也歟雖然諸暨爲邑山川清淑士生其間固有偉然秀出如近代楊□夫諸人者剏。

聖天子留心學政簡憲臣以董之專師儒以教之蠲徭役豐廩餼以優養之而又有賢令如秉衡者振作而興起之則游□之士其肯自負於。

明時自怠於進修以媿於前之聞人乎必相勉以德相勸以善相飭以行檢相勵以學業使仁義之道立孝弟之行著崇廉恥之節

增科目之重他日出而爲政必有樹勳庸貽聞譽於天下後世者矣此建學之功也亦游學之效也記曰君子如欲化民成俗其必由學乎是知人材之盛風俗之厚皆原於此請以是爲記庶觀者有所感云

成化五年龍集己丑正月吉旦　諸　暨　縣　儒　學　建

案碑云遷自縣東則晉天福時縣令趙諟自長山下移建之所也今遺址無稽矣是碑撰書皆一代名臣可珍也

興暨陽橋碑記　碑連額高四尺七寸五分廣二尺四寸七分額篆書興暨陽橋記五字徑五寸横列記二十三行行三十五字年月一行俱正書徑七分在縣東八里許落馬橋東路北

興暨陽橋記

凡事之所成有所因也則橋梁一事又非事中之大而難者乎何也工力甚煩費用甚廣爲日又甚久□多出於民間□他出之者

寡爲若是乎其大且難使不有所㠯而□□□興民不怨讟而咒咀之者幾希怨讟生而咒咀作故望其事之底於成也□矣哉暨陽橋之興則有所因矣橋之□□皆民□□爲堤岸一以防水患一以通往來堤之□□□小溝　泄水溝之上方架小□以濟渡□□歲月無從稽攷□世舉無患迺□成□□□歲□来□□疊作前所謂堤□者奔激坍塌蕩爲□□□□開不惟民田受害往来被溺者□甚□□□孰大哉一日□□□□侯臨縣耳其所溺目其所患惻然嘆曰不此橋之患將焉除利將焉□遂歸而謀諸□□□□□□□□□一以下□而是之忻然爲之□實轉達興橋之□□□乎此時縣令□□□□□□□□在□幾典史□□與□□□□□之□奈公私多□□□底成已而□□□□歲之十月□日□□□□□念橋梁乃□之首務□相□□□成□

功不少緩焉□□□□□樂施者固眾反是者亦不匙高湖之民
是也爲是橋一興而水勢直下大不利於□□□□□□□□余
[illegible]以爲□□□止之則□上司之命□□興之又拂下民之情若
止若興□□□□爲撰諸理而□□□斷□乎可□不可止也遂
相視本缺東去不□三十步許原有小□□爲其□□□□□□
□□□□□□□□□也寶因之焉計將所謂小□者□新□□
以□□患而□□缺者補□□□□□□□庶副官民上下之心
庶成□□□□□計□而達焉□而□焉□□□□□□興無□
□□其德者矣是橋也高者千□□□□□□□□□谷又者□
始工於□□□□□□畢工於乙巳歲之九月余到諸暨首□□
□□□□□□□□君侯之□□□成是功□□□□□□□名
之冀州人溥乃甘棠□□□□□□□□曷人有焉□□□□□

□□□□□則狗好之□□□□□□則洛陽之□□□□□□
□□分也□□□者是□□□□□□□□桂陽　記文爲余所
撰直道□□□□□□□□□□□□□□□□□□□□□□
□故更今名曰暨陽橋云。

四月□□□吉諸暨縣　　桂陽王瓚立石

案橋舊名家公萬柳隄橋亦號長官橋俗偁落馬橋宋淳祐間縣令家坤翁建并築隄障水植柳其旁去官後民思遺德改偁隄曰長官隄橋曰長官橋坤翁以淳祐二年到任於越新編言其於寶祐間令諸暨自淳祐二年至寶祐改元已十二年則久任可知宜官民款洽歌思不忘也攷宋史家鉉翁眉州人官端明學士簽樞密院事宋末奉使不屈即坤翁兄弟行也至明時橋圮重建更其名曰暨陽橋立碑於橋東路側剝蝕漫漶年月

撰人俱無所攷碑末桂陽王瓚立石六字猶可辨識瓚字秝光桂林人成化二十年到任又碑有乙巳之歲九月云云乙巳爲成化二十一年則此碑當建於成化末年宏治元年任諸暨知縣者則爲祁陽蔣昇見職官表

李先生祠堂記 碑連額高三尺四寸六分廣一尺六寸額篆書李先生祠堂記六字徑二寸記題一行六字題銜二行字不等文十七行行五十字年月刻人姓名一行俱正書徑四分在學宮明倫堂

李先生祠堂記

賜進士出身奉直大夫協正庶尹前南京刑部員外郎門人馮珏撰

誥封奉直大夫左軍都督府經歷前宜春縣縣丞門人駱章書并篆

古者鄉先生歿則祭于社禮也師乎何祀曰古者事師左右無方

其死也哭于寢心喪三年故祀之之禮典秩無文大都視其恩情之厚薄而致其隆殺焉耳孔子歿門人廬墓三年復想其容儀則歆以同列之相肖者事之宋玉痛悼其師至假巫陽以招之於天地上下四方由是觀之則古人之所以尊禮追慕乎其師者無所不至若夫於其平昔居處飲食之地爲堂設主以祀焄蒿悽愴怳惚以與神明交則尤切於人心愛慕之常非過也宜也先師古水恒齋李先生諱承系出唐西平王晟蚤以醇篤之資碩大之學教授於太平之蕪湖弟子留之遂家焉天順末膺貢拜諸暨訓導時乏人才先生至慨然以造就後進爲已任日坐鱣堂課諸生程業雖祁寒暑雨不少懈至於束脩小物未嘗求責於人教因人施匪亟匪徐歷七八年由是大小賢愚皆得有所成就矣暇日捉筆□爲文詞長篇春容小章典則膾炙人口其字體遒健絶類□□詢

片楮尺素人爭藏去以爲玩好所至人家寺院屋壁書題殆徧自奉甚儉約□賓客遠近持縑素求詞翰者旁午先生酒酣□□伸紙濡墨落筆數千言口談字答若不經意而文甚爾雅有似歲鍛月鍊者又性不喜言人過遇有一善輒稱道之不置同列有以不善相加者先生默受之不與校久之服先生爲長者夫何以成化己丑寢疾三月捐館□□五十有奇諸生哀奠如禮而闔邑大夫耆士皆奔訃悲慟焉非平昔道義之固結於人人者能然哉諸子貴等輿櫬歸窆其鄉葬有□□□生親炙私淑者衆有登進士者二鄉貢者三歲貢者二十餘人率爲時用嗚虖先生已矣儀刑不可復覩矣昔先生解學士□爲劉先生作記謂法施于俊艮俗成于長厚仁義漸摩多士有作雖於古人釋奠可也豈特祭于社者而已乎琎等竊取斯義因請于邑大夫婺源潘侯珍掌教吉水蕭

君承恭司訓上元湯君景賢崇仁曹君英爰於其官居之地爲室設主以春秋祭餘之物私享焉因書其槩于石以詔後之爲師弟子者倘因而感發興起則于名教不無少補矣先生三子貴有文名不仕贇貢同舉甲辰進士贇由吏兵二曹郎陞陝西布政使司叅政貢由戶刑二部轉山東按察司副使皆著有功績競爽於時先生亦受

褒贈者至再矣人謂先生之德有以致之云

弘治十七年甲子孟夏朔旦立　後學庠生駱世茂□□

案李懷永先生以成化元年到任成化四年去官至弘治十七年已四十年而去思未已前明司訓教澤及人如此碑備先生爲吉水人教授蕪湖遂家焉其猶隸吉水籍可知攷國子監成化甲辰會試題名碑李贇二甲二十八名李貢二甲三十三名

注皆云蕪湖縣民籍則改隸蕪湖矣樓志稱先生爲蕪湖人誤碑言掌教教諭也司訓訓導也蕭思恭亦吉水人弘治十六年任湯景賢上元人正德六年任曹英崇德人正德九年任碑建於弘治十九年湯曹何以得列名駱章諸暨楓橋人歲貢生碑書其銜曰左營都督府經歷前宜春縣縣丞舊志第書縣丞而不及經歷亦可例以補遺

諸暨縣重建廟學記　碑連額高六尺五寸廣二尺五寸一分額篆書諸暨縣重建廟學之記九字徑四寸五分三行記題一行八字題銜四行字不等文十四行行五十字年月題名三行字不等俱正書徑七分在學宮明倫堂

諸暨縣重建廟學記

賜進士及第中順大夫

勑巡視提督學校廣東按察司副使致仕終養上虞潘府撰文

賜進士及第文林郎翰林院編脩同脩　國史會稽董玘書丹

賜進士及第文林郎翰林院編脩同脩　國史餘姚謝丕篆額・

維我

高皇帝奄定四海首興學校傳歷・

英宗未幾百年學政大備乃置憲臣專任提督于兩畿十三省務皆申重守令之責蓋學校者教化本原之地興學宣化守令職也故一・學校之廢興教化之弛張守令賢否攸繫焉而・

朝廷必重其責也弘治癸亥婺源潘君珍玉卿以進士試諸暨令政克公平不執不迎而尤恥師俗吏教化注意故謁・

聖之初仰視　文廟傾圮已興重建志明年遂於常賦之羨餘嚴禁侵漁悉入帑藏而又縱橫槩括咸有成筭然後達司府取平報力于是儆而民不勞材于是易而公不費無拘官府之文法而法不害也又明年乙丑廟豐暨凡門廡百器物咸爲一新若潘令者

可謂用心於興學矣是宜舉事之秋省試得士而化行有坻也然今天下之學校修者多矣窮鄉賤巷亦有教化未行者何也凡以正學未盡崇也欲明教化必自崇正學始正學者不越乎明人倫而已吾

夫子之所以繼往開來以垂萬世者實在於此則興學固亦崇正事也而崇正尤興學之本歟潘令興學之餘必嘗究心於是以副責畀之重其化愈行而人才愈盛如鐵崖楊維禎葵軒王鈺之流當復出於其間矣予雖乞歸南山而崇正闢邪之志固在也乃盧廢寺以爲書院毀旒佛像以爲聖賢買其田耕焉以供祭祀之屬蓋以佛本不知父子君臣夫婦之倫姑隨力之所及闢而正之也闢而正之者行吾志也適典暨庠教者以員外郎馮君珏鄉進士陳君元魁所書事狀命其生陳文鄉陳天誥陸瞪以　文廟記請

嘉其同志遂書之。

弘治十八年歲次乙丑二月朔日　縣丞潁州張輔　主簿遼東陳椿　典史邳州高玉　同建。

教諭吉水蕭承恭　訓導南京湯景賢　崇仁曹英　當塗錢山率諸生楊淳等　立石。

義民應儒一督工　陸儒一舒伸鐫

案潘珍字玉卿，婺源人，宏治十六年任，後官至兵部左侍郎，以諫討安南削職，詳見名宦志。潘府字孔修，上虞人，成化丁未進士，適憲宗崩，孝宗踐阼，二十日禮官請衰服御西角門視事，明日釋衰易素翼善冠麻衣腰絰，孝宗命俟二十七日後行，至百日帝以大行未葬，麻衣腰絰如故，府上疏請行三年喪，疏上，衰經待舉詔輔臣會禮官詳議，並持成制，寢不行，後以知縣官至太常寺卿致仕歸閩南山書院講學所居與陽明近頗有異同嘗識董文簡於髫年妻以女文簡字文玉會稽人宏治乙丑會元廷試第二官至吏部左侍郎歸家後建宅於蕺山之麓又建中峰書院於西山兩眺之間學者稱爲中峰先生是碑得南山中峰翁壻撰書致足珍焉謝丕餘姚人文正公遷仲子乙丑探花與文簡同年及第蓋二人即於建碑之年登第也丕官至吏部侍郎馮珏邑祝家隖人成化戊戌進士陳元魁楓橋人以宏治戊午舉人官知縣陳文卿字堯賓正德甲戌歲貢除臨川縣學訓導遷柳城教諭元魁從弟也陳天誥無攷惟前志職官主簿陳椿典史高王均正德五年任訓導湯景賢六年任曹英九年任錢山十年任碑立於宏治五人何以得列名殊可疑也

甯先生遺思碑 碑連額高五尺七寸五分廣二尺六寸三分額篆書學諭甯先生遺思碑銘九字徑三寸五分記題

一行亦九字題銜三行行字不等文二十行行五十七字年月一行題名四行行字亦不等俱正書徑七分前在明倫堂咸豐辛酉劫後遭毀碑分二段殘泐過半今拔置於毓秀書院

學諭甯先生遺思碑銘

賜進士出身奉直大夫協正庶尹南京刑部員外郎紫巖馮珏撰

京闈進士奉直大夫湖廣澧州知州　鳳山鄭欽書丹

鄉貢進士文林郎直隸五河縣知縣　楓□陳元魁篆額

師儒之官賢才風化之所繫其責任不輕而重也審矣代之居是官者率以職卑祿薄□□□□□□□所□□之歎庸劣者較銖兩之利視生徒如塗人黌宮如傳舍學業如弁髦漫不知省雖已之名位亦甘於不自振於戲若是者果□□□人負官耶衡陽甯先生以□郎□□□□□□□□典暨庠教其爲人德性堅定容貌端嚴望之若可畏及其與人意氣款洽胸襟灑落□□□因

其才質之敏鈍强弱小大之□□□□□□□□□□進之退之抑之揚之損之益之俾之各有所就其爲文始於汪洋浩瀚而歸於渾厚典□□□□□□□□周易宗□士□則□□□□□□□□□□□處寮寀誠意無間見上官遇事敢言無所撓屈至於交際之間苟非道義一介不取也□□有以物餽者卻之曰以與爾爲膏火資貧不能娶者□□轍俸資婚之暇日繪六禮圖并儀注於室令少者肄習禮容整肅觀者□□又常條列□□□喪淹女諸事□□□□由是士革故習民俗□□亦爲之一變庚午陳仲洙領薦癸酉鄭天鵬張文繼之□士駱鳳岐陳文卿石俣何如礪馮琥列優等□□□也□□器皿壞缺捐俸助辦□□□木植瓦甓脩葺塗污鑄鐵鐘銅爵各四十事案卓櫃匣具全手植梓栢庭墀蓊鬱□□□廟貌人物禮樂一新□□□先生之功而

先生未嘗以自居也大都□□公□諸當道交章論薦乙亥夏果
膺
上命召拜西臺御史越四載諸生何如礪馮琥等追思其德白於
令尹彭君瑩請勒石以識不忘彭君復以聞諸當道監察御史劉
公命□□□□□□□素善先生俾爲文予惟遺之字包有餘未
盡二義而思則□有所感而生也所感有淺深則其思有恒暫代
之去官而□人之不已思者□□□非人不思也感之者未至耳
予觀先生德業成乎人者有本有末事功著於物者可久可大所
以嘉惠諸生與化被於諸暨人者歷歲八□□□□□而去者又
且五稔矣觸於物而感於心如之何弗思思之反覆有若三歎遺
音不能□其妙者思之至而情有不能自已也因其情之不能已
而□為夫例之所當爲則今日遺思之石固有不容以不勤者詩

云有斐君子終不可諼兮其善□遺思之□者乎或曰古□□□
□□□□□□□□□□今□先生爲遺思□者若是班乎予曰
愛與□以德言思則以情言也□之同□不敢知□所遺則一而
已矣用□乎□以□□□□□□□□崇卑而□人之不已
思者先生名欽號春溪居家素孝友内宗外戚夠賴之□□典文
衡得士如霍韜倫以訓王江諸公皆爲
殿省元魁施德作人之功固有所自也　銘曰
易旨孔棘□闢厥宗庠教久□孰啟我蒙天畀仁師自楚而東手
把章編抗顔折衷艮治陶鎔水火中濟大小相成庸有□器淬礪
既□□□□利兩舉開科□賢列茀令丞不職罔飾宫牆輟我俸
泉新彼廡堂脩鋪補缺百物用章以享以祀妥神降康六禮陳圖
□教□□□□□□□歎息□流爲□敝風以革凡此之功惟

師之力師今去我小子何衣榛茅塞徑梶李成蹊瞻彼斗山我心載馳勒銘紀勳用　遺思。

正德十四年歲次己卯仲秋八月吉旦

知縣大庾彭瑩　縣丞南安吳申　典史吳縣李朴

訓導順昌俞旺　海康王輔

徐　馮　王　駱鳳山　呂相　朱　楊

門生張　湯軒　陳堂　呂淮　周　臺　毛　駱

陳鵠　王　俞玠　沈邦直　陳　駱

案此碑已斷作二段上段字存什之伍下段什不存二細諦題銜第一行有南京刑郎紫巖等字則爲祝鵠馮朋玉珏第二行有京闈進士鳳山等字則泰南鄉人遷居楓橋澧州知州鄭思軒欽第三行有鄉貢進士直隸字河字楓字陳元字則爲五河

縣知縣楓橋陳元魁也人物志俱有傳文中有彭君二字碑末題名有知縣大庾四字案彭瑩字廷璧大庾人以進士官諸暨縣知縣碑所云即是人也縣丞南安吳申典史吳縣李朴等字尚可摹識與職官表亦符餘多漫滅惟年月一行無剝蝕攷甯先生名欽字宗堯衡陽舉人正德二年任十年召爲監察御史碑立於十四年唯舊志職官訓導俞旺正德十五年任王輔嘉靖二年任當建碑時二人俱未到官碑何以得列名豈舊志職官未可據邪是亦一疑也

諸暨金石志卷四十三終

諸暨縣志卷四十四

金石志中

輯存

明

九江山廟碑記碑連額高四尺七寸廣二尺四寸額篆書九江山廟記五字徑四寸橫列記題一行五字題銜三行行字不等文七行行三十一字年月一行俱正書徑七分在泰北鄉聖姑廟

九江山廟記

賜進士出身北京戶部主事前知諸暨縣事張志選撰

賜進士□□北京□□武選司□事陳天賞書

賜進士□□吏科給事中翁溥篆

暨北泰北鄉九江山產異石黑質水紋其伏者嶙峋突兀盤旋玲瓏龍蹲虎踞𪓟伏馬馳潤如玉削森如笋立巍峩如樓列幽邃如

洞隱深之爲谿井懸之爲橋梁奇奇怪怪若鬼刻然鑿而得之無小大具有形勝弗類他山之石蓋暨之名山也山之宂泉出寒洌號龍潭禱雨者至焉潭之陽有廟祀三仙姑稽之郡志紹興以來蓋已有之鄉民有禱則應歲久廟圮僧圂恩募緣建之煥然翬飛暮春予挾友登臨廟適成耆老王潤廿一王源五十七程子方輩重僧之勸丐予一言予奇夫山而知神之靈有自也迺書之時

嘉靖甲午歲夏五月穀旦立

案九江山在縣北泰北鄉梓里塢山出浮石詳見山水及物產志張志選字行吾晉江人嘉靖十年任十三年去官陳天賞楓橋人翁溥店口人人物志俱有傳

紫山書院碑記碑連額高五尺五分廣二尺七寸額漫漶不可識記十四行行四十三字年月一行題銜一行行字不等俱正書徑八分在紫山

紫山書院記

晉江陳侯讓以鄉薦第一人舉進士出典紹之刑獄行縣至暨陽登臨紫山降觀四湖愛其形勝爰作精舍選士之秀異者學於其間而聘教諭劉福尹一仁氏爲之師又爲顏其門曰養正之學示志也顏其前堂曰禮教堂學者之初習以禮則怠肆之心無自入而可與適道示始事也顏其中堂曰作聖堂君子道問學以尊其德性而後世學者或認以爲詞章功利之資揭而歸之作聖示實功也顏其後堂曰求放心學莫至於聖人而作聖非有他也在我有良心焉放而知求聖於是在示要指也既成會進士樂平黎君秀來知縣事益飭治之院之制大備予聞往觀焉進諸生謂曰夫良有司作人之勤觀於茲院可知矣爾諸生亦求所以無負於茲院學有僞有誠茲院設以養正也使諸生居其室業其事自謂能

正矣而心之所懷猶未免於詞章功利是謂名正而實邪其所懷也自謂能正矣而其用於世或未免舍己狥人枉尺以蘄直尋之遇是謂正入而邪出其用世也又自謂能正矣初之所履或不能守其恒治朝之所以自立或不能無奪於危亡之際是謂正始而邪終皆僞也皆有負於兹院者也爾諸生其圖之胥曰諾未幾予徙江右一仁以書來曰昔子之言願鑱諸石俾諸生永有省也予不得辭并爲記其始末如此院爲屋東向叁拾有陸楹南北向共貳拾有七楹陳矦懼其久而廢買田百柒拾有肆畝屬守以養士之餘歲修葺之別有籍

嘉靖丁酉孟春望日

賜進士及第江西按察副使奉

□提督學校前翰林編修兼

經筵官□修會典成典浙江提學華亭□□撰

案碑已漫漶細摹尚存什之七撰者爲華亭人姓名已泐仞學校志所載全文知爲徐階階時爲浙江提學副使陳讓字以禮舉鄉試第一嘉靖壬辰進士除紹興府推官甲午到任以正風俗明教化爲己任尹仁一字任之安福人主講紫山書院箸放心說以箴諸生官諸暨縣教諭名宦志有傳

五洩摩厓詩 草書徑二寸至三寸不等詩六行行字不等年月題名各一行字不等徑寸餘在五洩山

聞說茲山有異泉攜朋坐

向石崖邊近看萬斛明珠

噴遠擬千尋瀑布懸風急

誤驚雷雨至興豪盡洗

俗塵緣生平癖性於今遂

始信人間别有天

壬寅冬日毘陵□□□□

暨尹長洲徐履祥題

案徐履祥於嘉靖二十一年到任是年歲次壬寅蓋即於是年冬題也

五洩摩厓詩 草書徑二寸餘至三寸不等詩四行行七字題名一行在五洩山

五洩㟁傾百尺流

半空雷動玉龍浮

來人莫惜躋攀力

不到源頭不是遊

緒山錢德洪

案緒山先生主講書院時在嘉靖二十一二年是時徐子旋方

知縣事酈仲玉其弟子也三詩當是同時摩厓

五洩摩厓詩草書徑二寸至三寸不等詩四行題名一行行五字在五洩

萬壑千重處

二峰雙玉並

泉ミ奔清池

破睡煮佳茗

玄　崖酈琥書

案琥字仲玉號元厓以貢生官績溪主簿詳見人物志緒山先生高弟子也詩當與緒山同時作

科第題名碑記碑連額高五尺三寸八分廣二尺三寸額篆書皇明諸暨科第題名碑記十字徑三寸五行碑分五列上列記二十四行行二十三字年月撰人一行俱行書徑五分下爲題名分四列第一第三列列十七行第二列十八行第四列八行行字不等正書徑四分在學宮明倫堂

皇明諸暨科第題名記

自古國家之興未有不選舉才異以爲匡佐者我
高皇帝定鼎之三年
制詔天下開科網羅□儁其年諸暨之士薦於江浙行省者及
□人明年中禮闈者三人於是暨以多才稱海內逮永樂間
先後舉高科者暨復有人而葵軒王公鈺寔
上□親擢及第表然一代文學之選數甲科之□者又□焉慨惟
世遭胡元政厖文佹寰寓靡靡鐵崖楊廉夫氏生當其時乃
能□提文衡以拯厄運以待我
大明之興而文學之士遂相繼而起今之暨固昔之暨也其涵煦
皇化爲日愈久宜其有道術深醇上追隆古者出爲世用顧乃
□文學占第且弗逮諸昔焉星運數更然哉將宣上化下之

道未備於有司也履祥以爲造士之法譬如將之帥士士罷而鼓不起者必更申令懸異賞以作之然後勇敢者矯然以奮而收斬獲之功故分符以來反側晨興躬與士祈偕進大道而校賞之典靡遑弗備蓋朞年而跅弛之士咸興於藝再朞而□於學於是又爲治精舍治黌宮惇□□士以游肄之而士之起自民間挾筴而來者且數十百輩矣顧曰廩然懼夫處德薄而爲化淺也而士咸彧彧乎正其道術以待舉今而後其必有邁古之才出爲

中興之佐以答我

列聖宸化之休者矣而獨於甲科文學也歟哉

本朝進士鄉舉皆得立石學宮而暨獨未具履祥曰是亦更令懸賞之一端也乃悉讐正邑誌□牓之訛缺者序次而刻之

嘉靖乙巳歲夏四月□□□徐履祥謨并書

一列

洪武庚戌鄉舉

胡澄

趙仁

楊文淮遠丞

王軫德清縣籍

辛亥進士

胡澄通許知縣

王軫刑部員外

趙仁會試中式以老□□

甲子鄉舉

三列

永樂庚子鄉舉

胡驩

戚規監察御史

戚矩規弟俱本學教諭冠之子奉□□□

癸卯鄉舉

駱黼

俞德昭全椒教諭

翁佐鄞都教諭

甲辰進士

胡驩會魁

鍾肅刑部主事

丁卯鄉舉

俞仕賢

戊辰進士

俞仕賢歷主事御史終運司經歷

丙子鄉舉

陶祐吏部考功員外郎

俞希孟

永樂戊子鄉舉

王鈺

壬辰進士

王鈺探花歷編修修撰終提學僉事

宣德己酉鄉舉

陳璣

庚戌進士

陳璣會魁庶吉士

壬子鄉舉

俞倜

癸丑進士

俞倜吏部主事終汀州知府

正統戊午鄉舉

馮謙沛縣知縣

丁卯鄉舉

徐琦亞魁道州知州

甲午鄉舉　景泰庚午鄉舉

王常奉節知縣　張肅莆田知縣

陳偲政和教諭　癸酉鄉舉

丁酉鄉舉　陳翰英經魁南雄府同知

阮溥　天順壬午鄉舉

三列　張伋同安知縣

成化丁酉鄉舉　四列

馮玨　己丑進士

戊戌進士　翁溥吏科給事中

馮玨南京刑部員外郎　辛卯鄉舉

庚子鄉舉　駱驥

駱瓏　壬辰進士

鄭欽應天府中式澧州知州　駱驥

辛丑進士

駱瓏潮州知府　駱騰霄應天府中式

甲午鄉舉

丙午鄉舉

姜元澤平江教諭

弘治乙卯鄉舉

陳元昭德府右長史

戊午鄉舉

陳元魁五河知縣

甲子鄉舉

陳天賞後更名賞

正德庚午鄉舉

陳仲珠高閑知縣

癸酉鄉舉

鄭天鵬弋陽知縣

張文陽山教諭

辛巳進士

陳賞兵部郎中

嘉靖戊子鄉舉

翁溥

王珽

案章志王允升傳言允升子軫舉洪武進士樓志言軫舉進士未有攷碑載王軫洪武三年庚戌舉人注德清縣籍四年辛亥進士注刑部員外郎名列胡澄下趙仁上攷國子監題名碑四

年辛亥德清籍中式無轃名又國子監碑載楊文中洪武辛亥三甲七十名進士注云山陰縣儒籍此碑載文中洪武庚戌鄉試舉人注淮遠丞不言其爲山陰籍而辛亥進士題名又無文名似當以國子監碑爲正碑又言陳璣宣德己酉舉人庚戌進士俞僴壬子舉人癸丑進士浙江通志乾隆府志及縣志皆言陳璣俞僴同中宣德丙午舉人凡茲舛誤皆宜訂正徐履祥字子旋長洲人嘉靖二十一年任諸暨縣知縣二十四年去官接任者爲無錫李文麟卽乙巳歲也是碑爲徐離任時所建

諸暨縣廟學告成記碑連額高五尺六寸廣二尺三寸額篆書諸暨縣廟學告成記八字四行字徑三寸二分記題一行八字文十五行行四十三字年月撰書人一行俱行書徑八分在學宮

諸暨縣廟學告成記

姑蘇徐君子旋以進士宰暨至則憫夫民俗之弗協也人文之弗

振也夙夜憂思乃喟然歎曰吾欲政先風化□士誰與哉惟時廟學圮壞顧歲弗登役未易興也乃先緝紫山精舍請于學政文谷孔公掄秀茂廩食之循其舊學誘以徽旨而屬訓導侯崇學陳頡日夕礱礪之士乃翕然以興明年歲復大侵君夙夜憂思又喟然歎曰吾欲脩起黌舍而民病若茲吾聞歲饑役民可佐元元之急吾將乘茲事事矣乃盡捐歲俸募饑者赴役於是懸賞一呼饑夫蟻集邑之向義者又皆朋來相役君乃屬丞李之茂及典史陳儀董率之於是脩

廟庭脩兩廡齋堂廨舍脩六經閣徹其壅闕復閣後射圃之沒於民者牓其門曰觀德從學門於靈星門左中闢甬路建啟聖鄉賢名宦諸祠於甬路左新

敬一亭於諸祠前亭前疏爲方沼周以曲欄規芹湖千尺以爲泮

甓左平甃甎爲岸右絶窪水爲堤環植嘉木石欄亘之復城北故
壕數百丈導苧湖之水入於浣江始於嘉靖乙巳三月腓用土木
之工凡若干饑者奮於得食義者喜於奏功不匝月而工遂訖於
是規制中程丹雘增煥而廟學大治矣初暨士以比歲科薦不與
昔等乃病學制不法議欲遷之君爲相地卜新弗食故則食至是
用卜底於成績士皆快覩翕然頌曰何侯之能拓故爲新若斯耶
侯於造士之心庶其慰矣予曰二三子思有以慰侯乎哉其蚤夜
自奮庶幾有三代之英者應期而出以爲世用是足以慰侯矣皆
再拜曰敢弗祇若茲訓侯乃大會師生賓幕召襄役者脯而落之
遺受募之民歸使就麥觀射於後圃張組於前楹登閣以延山臨
湖以瞰流環堤橋而觀者數千人乃大和會是月丁未行釋□禮
告厥成功

大明嘉靖二十四年歲在乙巳夏四月望餘姚錢德洪洪甫譔并書

案舊傳諸暨學廟嚮在金雞山下嘉靖壬午樓守道捐資購地遷於今址而舊志皆不紀其事攷金雞山在江東去縣里許當即是晉天福中縣令趙諟自長山下移於縣東一里之處而宋淳熙六年縣令李文鑄已遷於縣西百步即今址明成化五年商輅所撰重建廟學碑亦言諸暨縣學在縣治西是明初學宮已不在金雞山下也然守道購地建學府縣申文三院台疏具題知紹興府邵齡署諸暨縣事蕭惟春至請崇祠鄉賢給有宮牆懋績扁額當時有成案可據而購地文契皆係民産咸豐辛酉刦前猶篋藏其家樓志誤爲其子成櫝所買查樓氏藏契年月則皆守道購也蓋守道以舊址湫隘故購地拓建若謂移自金雞山下則嘉靖末年教諭林志不應勸募富民復遷儒學於金雞山下也其事不果成見駱志山記殆傳

聞之誤歟惟守道捐五千餘金購產拓學較歷屆官修難易顯判壬午之役邑志不容不書乙巳適承其後程功較易碑文鋪張其事而不一及守道徐令修志遂掩其功而不箸錄駱纘亭先生與守道同里隆慶修志時去嘉靖元年時亦未遠獨不爲之補載何歟今據會稽范子美櫝文集補箸守道傳於人物志而述其歷略於此錢德洪名寬以字行學者稱爲緒山先生是碑爲其主講紫山書院時所譔

修學釋菜告文碑高四尺六寸廣二尺五寸分三列上列祭文二十行行二十四字正書徑五分中列告諭連年月二十二行行二十五字正書徑五分下列題識十五行行十一字正書徑三分末書義民姓名共二十五人正書泐在學宮

修學釋菜告文

維

嘉靖二十有四年乙巳四月辛卯朔越十有五日丁未紹興府

諸暨縣知縣徐履祥等謹用釋菜禮敢昭告于
至聖先師孔子之神是年寔履祥蒞暨之三載又二月也群弟子以
學宮日就于湮制之弗協于理也邇或科薦乏選議欲遷之而
未協每叩于庭有餘憾焉顧歲大饑寔艱力役而履祥行且考
績勢殊難辦然事在學校豈能恝情也哉於是盡出欽訓三
月四日之吉謹率縣丞李之茂可□□□等鳩工聚財率作興
事不旬月之間而廟貌煥赫耳目輝映群弟子欣欣然久懷適
慰殊有感興者焉是皆仰賴
在天之靈昭茲不昧無取于官無取于民而功咸維速寔神之貺工
既訖敢告成事是役也先之以廟廡次之以明倫堂皆因舊爲
新無所於費堂之後飾六經閣敗其障蔽以朗居業閣之後修
射圃復其故隴以時游息徙學門于大方名宦鄉賢諸祠翼然

甃峙除之以大道植之以長楊而出入闒暢疏之以方沼環之以曲欄而澡瀹澄潔築池上之長堤而泮壁咸形浚城後之舊隍而原泉交媾此其槩也而一時慕義之民不召而集不戒而勸寔咸子來之助焉嗚呼休矣尙

饗

二列

告諭

紹興府諸暨縣爲改修學宮以勵作養事准本縣知縣徐□關據本縣儒學生員應□□等具呈乞要改修學宮等情前來照得改修學宮一節工力破費所係不貲目今歲穀不登災荒迭見在官既無堪請之銀在民難爲勸借之舉財力殫屈未易舉措但學校迺養賢之地教化寔爲政之先矧暨自辛卯甲午以來科目之人

才華落落以致空山窮谷父兄不知以爲教子弟不知以爲學見小欲速之私嚚訟好鬬之習已相沿而不可解則是禮義衰微人文凉薄未有甚於今日者也固雖眞才間出不係於科目之選然國家以是取人有司以是章教則凡有風化之責者胡能恝然而漫不加之意也說者以爲學宮不利議欲申明司府啚爲遷移之舉然以龜筮不協而止則凡耳目之作新志氣之鼓舞凡可以爲人心士習之興起而倡率者是舉又烏可少也所有前項之費相應議處但照得本職才甚疎庸任當繁劇居官甫及三年牧民曾無寸補退食知懷素餐可愧祿不足以詔功人誠至於浮食所有項下柴薪馬夫銀兩理合通行分給克抵修理之費固非辭常祿於不居務爲皎皎之行聊以補常職之不逮少慰汲汲之心凡我同類庶能諒之擬合就行爲此除行本縣縣丞李　監督義民酈乾

百四等領銀顧募修理並不取民片紙用民寸力以滋弊端外但
事係興作小民無知恐有乘機指騙科斂等情深爲未便擬合給
示曉諭知悉
嘉靖二十四年二月十六日

三列

刻文與諭識修學終始也徐
侯以諭始事以文告成當歲
饑民艱不煩有衆而默相民
饑成茲合績寔侯盡捐三年
常祿以爲之其寬民養士可
謂至矣民之慕義者不戒不
疾寔來襄役此又上下一體

相成之心皆不可以不書去之日老幼戴香擁道涕洟得民之心固已久矣其功可書雖非一端而尤著於學校敢鐫其文於黌舍且列□□姓名於下方使後來者知所稽云諸暨縣儒學訓□□□□□識

義民

□□□□□□
□□□□□□
□□□□□□

□□□□□□
□□□□□□
□□□□□□

□□□□□□
□□□□□□
□□□□□□

□□□　□□□　□□□
□□□　□□□　□□□
□□□

案此卽徐履祥學成告廟之文也據題識言其盡捐三年祿而爲之云云可想見當日官民浹洽之盛職官表載訓導陳頡二十三年任曾漢二十四年任撰題識者不外此二人碑泐

諸暨縣儒學重修文廟戟門記 碑連額高六尺三寸一分廣二尺一寸一分額篆書諸暨縣儒學重修文廟戟門記十二字徑二寸五分三行記題一行十二字題銜二行行字不等文連年月二十一行行五十二字徑七分俱正書在文廟

諸暨縣儒學重脩文廟戟門記

賜進士出身奉政大夫協守紹郡前□刑曹郎□□司□無錫俞憲撰文

賜進士第　奉政大夫南京兵部武選淸吏司郎中　山陰王畿書篆

凡學制先文廟文廟之殿廡櫺門具有制宜飭而治焉諸暨爲紹

興屬邑學在治西百餘武自洪武迄今學仍舊制嘉靖以來戟門漸圮敗歲丁未太守沈公行部嘗欲新之今年己酉春憲奉檄稽邑利弊興廢首睠學集諸功令生徒相與敷譚道藝睇覽宮墻顧瞻茲門泚然懼曰我 國家司徒之教不行所須以問民有才者寔維庠序是重庠序之設維有司是寄乃復荒棄弗治抑何以闢賢關振文教也會邑令王君陳策甫視篆尊聖右儒敀先體要毅然以斯役爲已任遂涓日經始擇監計庸檢別駕蕭公先所覈紫山田租之侵匿者悉入爲費于是材加良制益加隆凡新戟門若干楹戟門之東爲土地祠西爲齋宿所皆翼垣周嚴視昔宏壯堅厚雅協厥衷不戾我 先聖完美之意蓋不數月工告成矣先是李令文麟嘗告余曰紹郡稱文獻暨之人文獨亞諸邑蓋自黎伯翁君而下士凡二十載不升于

天子矣豈山川風氣使然耶余曰否否不然殆有司之過也殆有司之過也至是親見廟門之廢則益有感于前言而矢以新之乃王君卒能殫力成志不亦深可尚哉夫學也者士之肆也道德文藝士之技也詩書禮樂士之利器也工必居肆藉利器以成技則為良工士不居學習詩書禮樂又何以依據道德博通文藝為天下之良士哉故今之爲教莫重于庠序矣夫爲一家之長者曰以居室治生教子孫爲心恆必顧諟其家家之門垣堂室一或圮敗輒蚤夜軫念用飭治之不少濡何者慮其久益廢壞費且益繁而爲力愈難也況爲郡邑之民之長者乎況于我　先聖人之居為諸功令生徒之所憑藉者乎今天下誦法聖人日席道德詩書禮樂之休蔭而一學制尚弗圖爲備焉豈其一郡一邑之事猶有大于陶民育才者乎一門之廢弗頋也豈其陶民育才之事果不足

以繫吾念盡吾職乎將使瞻聖者沮典教者懈群業者無所憑藉而奮起焉是邑之過與是誰之過與余觀暨環山聚湖靈秀所蓄志稱人文傑異其以孝友行義著者不下他邑何迺至人才之登進獨殊異哉是在良有司加之意焉耳矣昔文翁爲蜀仁愛好教化見蜀地僻不事于文脩起學宫招輯下縣子弟率肄學官其後服習久皆明經飭行舉于京師者比齊魯焉我　明治教休暢紹又風氣宣朗軼他邑使有文翁者作人于上暨之化奚啻漢之爲蜀已哉使士皆明經飭行可以宣猷翊運上升

天子之庭而下不失爲文獻士即文翁之于蜀又不足言矣故今日之暨謂當備學制便居業者有所瞻式整肅廟貌而士心日歎慕焉其庶乎道業可專無詭聖脩不失爲天下之良士矣豈非長暨之良術哉憲爲邑大夫斷斷簿書不能躬脩文教以興多士而

王君甫任事能為余為之其不重愧于余心乎王君之賢不可無述暨之官屬方請余言紀諸石遂不讓附書于歲月之後沈公吳江人名啓蕭公吉水人名彥王君維揚之泰州人起家丁未進士縣丞夏士廉主簿邸岳皆以董役效勞教諭何忠藎訓導陳頤曾漢亦與有啓服者暨督工義民石柱法皆得書是歲冬十月朔

案沈啓字子由吳江人府志有傳王陳策泰州人皆嘉靖二十七年任蕭彥亦二十七年任與沈啓皆以二十九年去官李文麟二十四年任二十七年去官俞憲無錫人以進士謫授紹興府同知二十七年任審諦碑文知是役議發於文麟工竣於陳策啓以檄督成之憲因撰其碑以記事是時縣丞夏士廉主簿邸岳二人爲樓志所不載可例碑補遺而得龍溪先生書尤可寶貴其云參伯翁君則翁尙書溥也

泌湖重修聖姑廟新建柱石橋碑碑高四尺三寸二分廣一尺七寸無額連題十七行題銜二行行五十字字徑六分碑在西安鄉

泌湖重脩聖姑廟新建柱石橋碑文

天下有裁成輔相之功而後享光大食福之泰有脩治敘歌之勞而後收地平天成之績是故易著中行書稱永賴聖哲嘉猷丕丕亘古今不磨者此也今

皇帝中興應乎天而乾坤再造宜必有名世同地而出以成一代之盛𠩄以我

太保兼少傅東湖陸公奮庸熙載日旦贊襄凡可以旋乾轉坤者無不殫力竭忠其功勞勳相國家彌成

聖天子義德容德以叓此丕丕基視功載者允稱元勞是所謂裁成輔相脩治敘歌當與古之聖哲並曜旂常鼎彝矣所以前此倭

奴肇變縣無城者多築城郭爲衛諸暨縣舊無城而貧細無以供役撫臺建議以泌湖可以爲田募民買佃斯足以充築城之費·□曰可於是募佃之令行而貧細之力祇佃膏腴猶不能助縣官爲完城也公乃慨然佃其下者必待築堤而後可以爲田田成助縣官者不爲徒費公又下令脩築堤岍寬其直□濟趨役者又下令禁弗與民爭利民有有身無田者輒輕其常租與之畊又下令徵其入豐歲積之俟有歉絀則出貸以濟窶不能糴者於是暨之貧細隸湖之傍者讙欣鼓舞咸若更生公於泌湖乃乾坤中扢轉之一端也公之收績平成食福光大可以類推矣時湖上原有聖姑廟一所民間禱祀其應如響遭值征離日就傾圮然禱以靈應歲時趨鏘祠下者不減於舊董湖役汪衣奉公命餙而新之廟之西爲省郡入縣通衢往來如蟻□以船爲渡而水緣通浙江潮勢

洄湧觸險人衆渡每以舟中之指可掬往往濡首滅頂後易以木橋不久浥爛時公遣偵湖役者劉略范仕至與衣商之曰湖水自金華郡合八縣而來者數百里經此入河河之下流二百里直抵杭郡橋跨其上須以石爲柱經久之圖也於是錦衣戸侯謝麟至頌曰竹橋渡蟻猶爲陰功而況以石渡人乎又況吾□利濟天下奚啻此橋橋遂成問名於余余曰公

朝家柱石宜名之曰柱石橋因原我公裁成輔相脩治敘歌功勞丕丕以綴廟橋脩建之歲月于後勒之貞珉以昭聖哲之生其所以終天地之功者類如此時嘉靖三十九年秋七月朏日

賜進士出身　誥授通議大夫通政使司通政使致仕前提督謄黃右通政以吏兵兩部文選職方郎中奉

□充文武考試官崇德東匯呂希周謹撰

案碑爲鄉間橋廟而立無足重輕惟建於築城及改泌湖爲田之時於建置水利俱有關係亦足存也崇德明縣隸嘉興府即今之石門呂希周中嘉靖五年丙戌龔用卿榜進士碑言太保兼少傅東湖陸公豈駱志所謂黠者以泌湖投獻豪右者即此公歟徧攷不得其人明史宰輔表亦無陸姓者惟餘姚呂文安本作紫山梁公生祠碑記自言薄田名泌在暨者租徭其邑於是暨民常往來於家則豪右似即文安攷文安於嘉靖二十八年以少詹入閣三十三年晉太子太保三十九年晉少傅碑即作於是年官階正符然文安榜姓李後奏復呂碑稱陸公則又不能率擅牽合也橋在西安鄉上山頭跨楓橋江上不甚高大成之尙易碑偏說有裁成輔相之功地平天成之績鋪張夸誕抑何善於貢諛邪先是佔泌爲田者不過近山稍高之處碑言

公獨佃其下者脩築隄岸於是泌無不佃之田而容水無地其所謂旋乾轉坤者直轉利為害之一樞紐耳駱志又謂逢豪右意每畝賦米一升而不役與碑言令民有身無田者輕其常租與之耕亦合洵非大力者不能負之而去也廟已久廢碑今在廣山何氏村中

諸暨縣修建廟學記 碑連額高六尺二寸二分廣二尺五寸八分額篆書諸暨縣修建廟學碑記九字徑三寸九分三行記題一行八字題銜四行行字不等文十五行行四十七字年月一行俱正書徑六分在學宮

諸暨縣修建廟學記

賜進士第刑部陝西清吏司員外郎两奉

特詔進階朝議大夫致仕餘姚緒山錢德洪譔文

賜進士第大中大夫湖廣布政使司右參政前提督學校廣東按察司副使南京吏科給事中餘姚紫巖陳塏書丹

賜進士出身亞中大夫河南布政使司撫民右參政山陰柯峰張思聰篆額

予昔講學紫山書院暨生出湖山尹子求放心說請問緒山子曰心爲天地百物之靈主宰乎天地百物者也故心存則主宰靈家國天下得其理矣治之所由出也心放則主宰昏家國天下失其□矣亂之所由生也堯舜立萬世聖學之宗兢兢業業以事其心故其光被四表格上下五典從而萬邦協三王丕顯待旦以至日中昃乾乾不息於誠故三代之政後世莫及爲者得心教也於是諸生皆知誦法師訓求其心而不敢放隆慶丁卯石渠梁君以進士出宰暨其爲政以開悟人心爲本潔身澡德貞志立教未朞月而政平民熙日進諸生於館下語之曰爾諸生嘗聞求放心之學矣寧知求放心之外無遺學乎放其心而不知求者未立作聖之志也放其心而後知求者未悟聖學之徵也精底力造洞悟性眞始知此心不容一刻之放而亦無心之可放斯謂能求其放心已

矣於是學諭王子汝振偕其寮廖子致道畢子諾相與共嘆此意諸生渢渢然學知所宗君廼大恢廟學規制以居師生當道以最薦趨臺遐而去三師遺書於洪曰梁侯臨攺之美不勝紀矣而政莫大於脩崇廟學修學規制之美不勝紀矣而學莫大於啟悟人心暨學自徐古石重拓舊制而士之科貢不絕邇年規制漸廢士亦不顯繼事者乃謀遷學於郭外俟相度新宮風氣不聚且師生不可以野處舊學自設科以來前輩名賢繼出邇來文章諫議表顯當時亦奚病而改作特制度虧缺不可不講耳廼請於當道屬縣尉曾君應祜引南濠之水入泮池而通北濠之塞出污納新而池影澄辟豎櫺星門以臨池與白楊文筆遠近輝暎樹崇樓於右翼以補艮方之缺修建廟廡亭閣垣圍庖湢燦然大備皆捐俸貲上不輸公下不損民不數月而工告成時有長山文光數十丈之

禎諸生陳相洸資之天真請予記予昔嘗與徐子作廟學記迺序經始之詳而未及論學今石渠君將有啓予者迺爲詳序論學之端而略其制使諸生知侯之修學非爲觀美將以求得其心也遂爲記　時

隆慶四年歲次庚午秋九月吉　諸暨縣縣丞冒承祖　主簿彭懷祊同立

案緒山先生恪守陽明之學與龍溪並稱王門高弟史稱其徹悟不如龍溪然龍溪竟入禪而緒山猶不失儒者矩矱觀此記兢兢於放心之說則其學可知矣陳塏字山甫亦餘姚人嘉靖壬辰進士官南京給事中以劾武定侯郭勛直聲震天下入京忤嚴嵩出爲湖廣參議遷廣東提學副使識龐尚鵬海瑞於諸生行部過厓山改張宏範所立石大書宋少帝及其臣陸秀夫死國於此十三字蓋忠義之士也張思聰山陰人正德甲戌進

士官至參政梁石渠一字汝珍壽州人名宦志有傳碑言工甫
成而長山文光見數十丈可補入災異志

五洩山石鼓銘　摩厓草書徑三寸餘三行舊志以爲徐渭撰刻於五洩寺山門前石鼓

銀河墮流觀者
忘休深林無人
杳不可留

五洩山石鼓題名　摩厓行書在銘斜下三行行七字末行四字徑三寸

萬曆二年十一月
至日徐渭偕王圖
吳系來遊

五洩石壁題名　摩厓行書五行行字不等徑三寸餘分

萬曆丁未三月廿日

公安袁宏道歛

方文僎山陰王贊

化會稽陶望齡

奭齡同遊

諸暨縣重修孟子廟記

碑高五尺七寸五分廣三尺四寸記題一行九字題銜二行字不等文十六行行五十四字年月一行題名五行末行下載生員題名十列第一列三人第十列四人第二至第九列俱五人正書徑八分在夫槩里孟子廟

諸暨縣重修孟子廟記

進士第初授□書比部郎會稽陶允宜撰文

掌中書科尚書祠部郎奉詔歸養餘姚呂元篆額

禮有之諸侯受國必釋奠□先聖先師凡釋奠必有合也其有國故□釋奠無合也夫先聖先師則古帝王賢哲如堯舜禹湯文武

之爲君五臣伊周孔孟之爲臣是也□□無先聖先師則舉他國者而合祭之有則無合也專所重也所謂國故非特生長於其國也立於其朝寓於其鄉冠履之所至子姓之所遺爲國人之聞見而信習者皆是也取其所聞見所信習者而爲之師上焉者□風彰軌以貞道揆下焉者從訓若度以遵法守聖人之教行而久不廢者用此道耳叔世道衰仕者朝秦而暮楚釋奠之禮大抵文具視之而或荒傲弗共問其國故何人其人可師者何在槩莫之舉也良可嗟已浙東古越地越故大禹之後□史稱禹嘗巡狩宇內至會稽朝諸侯衣冠藏於禹穴廟享血食千古一日或者亦其淺人起之耶嗚呼此越國之故也迨宋南巡而有扈蹕□江者曰德載孟子四十七世孫信安郡王忠厚子也封爵諸暨縣流寓夫槩鄉子孫家焉嘉定丁丑□孟子廟肖像其中四時專祀夫學校□

亭所謂合也子孫在而專祀則無事合也其後曰繼瑩曰大和曰應酉曰性善曰元治曰仲雲曰銘曰奕曰濂曰時群起而增美之猗歟都哉迄我

明仕籍弗耀廟宇日頽嘉□□郡守張侯邑令徐侯訪其後曰達曰國賢曰之當道充生員以奉祠祀復請於守廵二使者計值修葺俄以兵燹寢工甚矣興事之難也萬□繼統□□年雲間陳侯出宰茲土以□□之襟岩邑之節自勵而以仁義淑人綽有孟氏心法一旦聞邑西有廟約余伏謁釋奠既畢徘徊四顧見洞岩在前飛瀑在後七十二峯環矗左右憮然有間曰國故其在茲乎而何蓁蕪之弗飭也遂謀新之命孟氏之族長文獻合其族人醵金若干鳩工庀材以告始事侯復捐俸百金以竣厥役仍請於督學喬公大□胡公檄其後曰鵬曰大臨充生員以奉廟事而祀典大

備於是夫槩之墟炳然三遷之里矣廟成而□余言爲記余惟下
之爲俗覗上之爲教暨陽之俗强而好爭夫强義類也而爭或以
利起於毫釐之辯也使孟氏與儀衍角謀髡秦鶩智夫豈終於不
遇哉而退修七篇黜異端□孔氏以立教卒使數千年之後數千
里之遠猶有撫廟貌而興思覩裔孫而加禮者則公義之在人心
也□哉禹功明德遠矣繼之者其孟氏乎夫會稽之有禹穴也得
太史而名益顯暨陽之有茲廟也遇陳侯而制益宏先正曰孟氏
之功不在禹下余曰陳侯之功不在太史公下遂書此以誌始末
云

萬歷七年歲次己卯秋八月既望

賜進士第初授文林郎知諸暨縣事華亭陳正誼勒石

縣丞徐　朂　主簿葛自訓　典史胡思漢

儒學教諭徐應宿

訓導顧世承

丁世臣

庠生　徐驄　應汝桂　陳□　鄭子□
陳相　酈世禮　傅□　俞本志
何敏　駱思禮　章□　鄭靜□
酈文朝　方□　陳際可
蔣繼芳　楊□　俞應□

王琴　張思信　駱意　壽成周　孟文中
陳中　許際可　樓翊　何其達　酈允成　孟養浩
王□　楊有孚　石蘭　周應科　章有斐　孟本
石著　酈希范　陳□　石應軫　壽堯臣　孟冬
沈偉　趙汝唯　傅寅　俞大綱　郭孝道　孟孔

案孟氏自孟德載之父元祐皇后弟孟忠厚扈蹕至浙三判紹興府至載而徙家諸暨十二都夫槩鄉嘉定十年丁丑勅建孟子廟萬曆間知縣陳正誼重修而陶允宜爲之撰文所謂大參胡公名汝嘉時爲浙江按察副使籍無可攷提學喬公則喬因阜也耀州人字思綿郡守張公名明道羅田人繼湯紹恩守紹興無所更張與民休息乾隆府志有傳徐履祥見名宦志陶允

宜會稽人萬歷甲戌進士官至黃州同知生員題名共四十九

人人物志有傳者三人曰駱意酈希范壽堯臣

修學記碑高四尺八寸廣二尺五寸文連題及年月十七行行四十三字正書徑九分在學宮

修學記

暨之學自

國初至於今二百餘年新者三而復圯師靈罔妥業是者亦以居肆不專告擬新焉顧艱於徵發會有廢館錢與學亂歲入爲銀凡若干兩計稍足辦於是悉取堂閣曰明倫曰尊經若殿廡諸宇一新之禮樂之器壞弗備者補且易之而射圃舊不垣浸沒爲閭舍者復且垣之始萬曆癸未之十月閱五月乃落今夫有司之作公宇百姓之作其私家工竟則有司告落於大吏匠告落於主人而已矣縣長吏之作於其學事固工也而道則師也亦可徒落之而

已耶則必有以詔之苟詔之而泛且襲其故之說猶弗詔也今爲故之說者二曰學以明倫吾安得不曰明倫曰學以務尊經而窮之充實用毋剿舊括吾安得不曰窮經省舊括然明倫而必追以古膠庠之迂習尊經省舊括而令弁髦其制科一意於絕常則法堂草且深數尺矣又何庸於取居肆而新之耶今夫怠戾與愉婉均動於形色也怠戾爲勞愉婉爲逸泛記與專精均役於心思也泛記爲勞專精爲逸人情莫不惡勞而喜逸且逸之效愽而勞之效微也而今之爲子弟於家庭爲士於塾者顧舍愉婉便怠戾黜專精崇泛記如此乎其好勞而惡逸舍效之愽而羣趨於效之微也此何說耶意者詔之者之迂而人苦於從不得不悉畔而去之耶易怠戾爲愉婉由是而充焉不待膠庠而倫明矣易泛記爲專精由是而充焉不外制科而經尊矣醫之攻病者布方同也而引

劑異也則病有愈有不愈他人之詒明倫與尊經也布方醫也余之詒明倫與尊經也引劑醫也雖然之詒也非通方也不病者謝布方又何有於引劑吾敢謂曁之士盡病耶僚丞周君大道簿李君曁史甘伯龍先生諭許君希旦訓譚君任謝君國泰並與作且詒者趙堯全周天祐專董作爲勸

萬曆甲申仲春吉番禺謝與思書

案文載徐文長逸稿蓋爲番禺謝令代作也謝名與思字見齋萬曆九年任名宦志有傳舊志不載此役樓志補錄其文於藝文志而以學廟自萬曆丁卯至丙辰五十年中凡四修其工程可知而仍不載其事殊近武斷長吏能究心文教亦足風世且或記或不記於志書體例尤爲舛襍可補此役於學校志

修學宮碑記　碑高四尺五寸一分廣二尺四寸五分前列題銜三行行字不等文十二行行四十九字年月一行立石

銜名一行俱正書
徑八分在學宮

湖廣按察司副使致仕　　邑人纘亭駱問禮撰

湖廣布政使司左參政　　邑人還沖陳性學篆

江西袁州府知府　　山陰岳陽錢　櫝書

萬曆甲午春仲月邑大夫尹公蒞任夏修儒學秋末落成先是學舍久不理而

先師廟尤甚公下車拜瞻周視奮然曰事孰有急於此者乎議之

當道皆報可遂興工始

先師廟次兩廡戟門次名宦鄉賢二祠而遷於戟門之左右展土地祠於宦祠之左次啓聖祠亦東徙之增櫺星門所未備次遂至

明倫堂及庫閣諸所莫不偉然煥然瞻仰則無愧於

聖賢臨蒞則無慚於冠蓋師弟子莫不欣欣樂其得所而環望於

橋門者識不識歎規度之一新也竊惟古諸侯之國大者不過百里諸所建置取諸封內無不足者我

朝置邑不等姑弗他論在諸暨幾二百里視古諸侯之疆域何如儒學所議又何如而陵夷至爲人所不欲言豈財力之詘至此極哉司其事者以弁髦視之耳間豈無加之意者而自愛過深慮閭里之憚勞則或以興謗畏上官之刺覈則或以召疑此其中本有不足故以避嫌坐視而間能當事者又多務文而無實且至或於外家小說曼費妄作謂可奪造化而卒至無成公潔已愛民纖毫不忍過動而此舉則毅然不待求於下不邀力於上自所議公費外即一燕饗正費苟可捐者亦捐以贍之不踰時畢工而民未嘗告勞財亦未嘗告匱豈特其才之過人蓋明於治體而急於造士自愛固深而自信亦至宜其作用有不同者工未畢而學師龍君

以歆薦驟隱第子傅生以大魁發解即適遇而大抵天下事上作之斯興公之精神意氣注於其中故事方舉而休嘉應不爽於小說而有小說家所不及知者理固然也抑有說焉今之爲理與今之爲學者大率相類建學造士

令中所重也每置不問至於別翔書院則相卒爲之巨費不惜蓋十而五六也何者以書院可博名高而學宮爲常職非奇節耳六經語孟士林正業也目爲濫腐而脩炙子史唐虞洙泗之傳濂洛關閩正矣詆爲支離而金谿崇仁葱嶺幻談則宗爲正脉蓋十而九也何者以隱恠可博名高而經術非奇致耳公是舉若有激於時而矯之者至其禔躬範俗皆先其所急而不牽於外議卒與是舉相若諸士子遊公所維新之地佩公所躬帥之教其將窮經操行以遡洙泗唐虞之源乎抑將徇時趨好以投功名富貴之會乎

古以待文王而興者爲凡民使其值當興而不興又將謂何此則不佞所深幸於今日而拳拳於吾黨者也公諱從淑別號又方四川宜賓人起家進士歷保山宜春二邑以理繁問借其表樹煒煒非記所及學師梁君邦佐劉君時中今知縉雲縣龍君奮河郎所謂驟騰者邑二則章君世肇華君一孝尉則魯君洲皆於興作有勞事將竣適署教諭事舉人鄧君謐至同二學師索記於山中因敍其實而附之以意如此

萬曆貳拾貳年冬十月吉旦

儒學署教諭事舉人高安鄧謐訓導蒼梧梁邦佐　古婺劉時中

生員　酈文相　石著　郭四宋
陳經　張思信　邵志日
何敏　酈汝器　郭日灑　仝立
郭四聰　石蘭　俞亮

案記所謂傳生者名資萬歷二十二年甲午第二名舉人郎

建碑之年也辛丑張以誠榜進士官豐城縣知縣尹從淑一字道傳名宦志有傳龍𪁺河貴陽人錢櫝山陰人會稽籍萬歷庚辰進士官至按察使駱問禮陳性學皆楓橋人梁邦佐十九年任劉時中二十年任二十二年去官接任爲榮昌吳台是梁邦佐於建碑之年已去官三年矣

諸暨縣重建城隍廟碑記碑高四尺二寸八分橫三尺二分題九行銜名六行行字不等徑一寸一分俱行書拊刻關帝殿記十二行行六十字年月一行字分二行鐙油産田地畝分二行行字不等徑七分正書在城隍廟

諸暨縣重建城隍廟記

蓋自忠信薄而詛盟興精誠塞而禱祠繁識者諱之暨邑屢歲暵溢不時灾沴疊見民愁苦莫控予來備目擊其艱已亥秋稍獲明年三農大順萬彙亨嘉百姓咸欣欣色喜每予朔望謁

城隍神輒擁輿而請侑廟予以民困徵蘇未卽許迺不告于予而私聚謀饒者輸財壯者運力能者主計老者曳杖而從壽居者夷竈以通道未幾復往謁廟朽蠹盡徹梁棟克堅丹藻輝煌氣色一鮮廊廡堂寢門屏瑩然石熖張空湖光鏡天備物取精丰骨秀嚴瞻拜四顧奄忽重新而莫知其所以然召問吾百姓曰爾重罹荒阨今雖稔猶病起未忘臥奈何勇與作于事神民曰神胡可以不事惟兹　城隍

聖祖立之太常司之君侯主之百姓依之之旱潦非神莫救疫厲非神無禱利非神錫不豐名非神通不達趨吉避凶轉敗爲祥無不祈神之佑神胡可以不急事予曰爾言洵然矣爾試廣浚隆築高黍低稌循畔勿越種胡不收爾試臨深履薄恬情適意忿欲弗張疾胡不瘳爾試篤志潛脩好古敏求學能致道困躓何愁爾試

勤藝勿迂守願勿高務本待生資用何求爾惠迪即吉爾去逆奚憂積善積慶爾滋爾休禍福無門惟爾自售百姓曰然則神固可以不事與曰神烏乎可以不事神也者精英靈爽與心通者也爾以塗金丹堊者爲神乎以聰明昭察無私者爲神乎爾之事之也事其塗金丹堊而已乎抑事所謂聰明昭察無私者乎果能閑爾邪存爾誠言無不可聞行無不可見肝膽無不如面尸居而神必鑒之祝詞而神必馨之何者無疚于志自無恫于神也儻矯情飾貌拂衆欺愚口甘腹螫呪膏舐血在家而隆隆炎炎入廟而呪呪呫呫曾思我之隱微可以告神不神其曲我宥我而福利我不爾欲事神亦惟善事其心而已吾與爾盍共勵一誠以妥此在廟之靈也百姓聞而喜相告曰今而後乃知所以事神也遂書之爲記

萬曆庚子冬孟辛未朔

賜進士出身文林郎知諸暨縣事池陽劉光復記

縣丞建平岑　瞻　主簿上海朱揚訓　典史順德周志遠

儒學教諭普安耿文高訓導丹徒王學益　生員石著書丹

董事者民　鄭鸞　酈堯三十九　石景純　胡元八　許椿卆

石沛　鍾京六十八　樓文達　酈秉七七　陳建廿七

捨路鍾賢卌　鍾賢七十八　生員鍾律　山陰馬伯正鐫

工房吏書何瑞　周學　住持陳大海

案記內百姓依之句下衍一之字曲我宥我句曲下之我字亦衍劉光復池州青陽人名宦志有傳縣丞岑瞻樓志職官作岑可瞻訓導王學益亦佚其名俱可仍以訂補惟題名末捨路鍾賢四十兩行寫刻字蹟均出兩手爲莫詳其故樓志祠祀遽據以駁舊志之譌亦未細審其字蹟耳

五洩寺詩碑高五尺二寸廣二尺五律四首每首二行上行二十二字下行十八字年月一行題銜二行行字不等俱正書徑七分在五洩寺

冬盡公行暇相邀五洩遊霜威寒野色霧氣冷征裘曲曲
迴溪轉蕭蕭落木稠諸峰頻獻翠翹首豁晗眸其一
暫息招提境停車且息機無生原自覺習靜且皈依休問
紅塵擾[寧]知白首非邑侯肯設榻□□倦忘歸其二
落日驚天暮行行訪勝源山高行路遠石峻竹枝繁泉□
深潭出溪成五洩翻銀河疑是挂縱步共攀援其三
夜倚禪房宿挑鐙夢未成披衣尋法□擁蓋逐前□□□
盃中興銷磨石上盟山林緣不淺把臂度三生
萬[曆]癸卯歲夏六月
勅封文林郎授紹興府推官孫□時

諸暨縣知縣劉光復　立石

案乾隆府志職官志孫應時鍾祥人萬歷二十六年任題名第一行孫字下當是應字

諸暨縣重修孟子祠記 碑高六尺二寸廣三尺四寸記題一行九字題銜四行行字不等文十三行行五十六字年月一行題名三行行字不等俱正書徑七分在夫槩里孟子廟

諸暨縣重脩孟子祠記

賜進士出身通奉大夫正治卿廣東布政使司左布□使前巡按直隸奉

勑提督學校監察御史經筵日講官　邑人陳性學撰文

賜進士出身中議大夫湖廣按察司副使前南京刑科給事中邑人駱問禮書丹

賜進士出身文林郎南直隸池州府青陽縣知縣　邑人□　賓篆額

邑西夫槩鄉有孟子祠為孜之記誌盖繇宋時有鄒國四十八代孫曰載者以隆祐太后戚畹扈蹕南渡封爵留暨而家于斯宋令

沈公緎建之于乾道庚寅趙公孟堅又葺之于嘉定丁丑則是祠之肇也蓋有年矣自紹興以旋閱歲既久蕪圮不治萬曆初邑令尹陳公正誼帥其族新之然而庭除階廡猶昨也戊戌冬池陽劉侯蒞覛邑篆握樞貞度百廢俱舉時瞻禮祠下顧而嘆曰此雖孟氏家廟寔風教之基也詎宜涼涼乃爾遂捐俸以倡而屬其族長□□等酌族之家儲以差而釀貲告餝焉於是廟貌奐如而儼然鄒里景象矣役甫竣會侯以

內召北上僉謀勒侯績于貞珉而上請于署縣事推府何公徵言于余余嘗讀魯頌曰孔曼且碩萬民是若夫以閟宮碩曼而謂於以若民者何哉蓋先喆宮墻彝軌儲焉卽庸氓鄙穉罕不入門而欽肅者竦於軌也長民者是崇是餝而既曼且碩則瞻盱興感洵有不令而自若者矣竊慨輓近世麗淫祠張優樂媚昏鬼而倖福

者在在有之而於風教所基之域謾不知省無惑乎俗之波靡而不古也

天子簡侯超覽石畫嘉惠吾暨才下車夙以崇飭學宮是棘又於孟之貞女及諸節槩行誼者有祠又於諸爲淫祀者有禁而於是祠則尤屢屢焉無或少窳豈直爲觀美已哉又豈直爲孟氏已哉若曰吾孟子以廣居正位大道庇萬世而今茲葺是祠也將使瞻盱肅禮者夫亦居其居位其位道其道而古人與歸不仍宿滓也猗歟休哉繇孟一家而郡邑繇郡邑而天下萬邦是若此階之矣閟宮之賦殆謂是歟昔黎文公排斥詖邪不遺餘力而其守朝陽也懃懃然惟以聖軌導民爲亟務遂移南海之民嚮如鄒魯而百世以下廻他岐而遊大道者迄今頌文公之功不衰故論者謂闢邪閑正而善學孟子者莫如韓子余亦謂坊淫貞教而善武韓者

茲有劉侯焉侯諱光復字曙先起家戊戌進士其他懿蹟種種未易悉書而茲其宏搆中一節云昔

萬曆三十三年歲次乙巳仲秋上浣之吉

署諸暨縣事紹興府推官何三畏　立石

儒學教諭高江　訓導徐一龍　黄偎

案記內昔黎文公句昔字下落一昌字碑後數行漫漶摹刻之石亦不全姑據以填闕何三畏華亭人萬歷三十三年任紹興府推官是年署諸暨縣事而舊志不載訓導黄偎亦軼俱可據以訂補

永慶禪院記碑連額高六尺三寸廣二尺六寸額正書永遠流芳四字首行題永慶禪寺重興碑記八字記文十一行行四十四字年月一行八字俱正書徑八分檀越姓氏一行正書重建檀越四字徑八分末分作二行記姓氏亦正書徑四分信士姓氏一行正書喜捨信士四字末分作二行記姓氏字徑同前末行正書大佛三尊四字字徑七分下分二行書姓氏徑

四分按書觀音大士四字徑八分下分
二行書姓氏徑四分在鐘山永慶寺

永慶禪寺重興碑記

我里社中古刹有三永慶禪院其一也先年廢弛田悉典當利歸豪右害貽里中以他寺僧攝持之而愈不能支大殿僧房鞠為茂草僅存一二茅舍甚且為盜藪此禪寺之大厄會而有識所不勝嗟也我諸□有懷江公諱大綱□泉公諱艮正夙具善根篤信因果捐貲贖田六十九畝收花積羨聚材鳩工仰山公諱尚恕首倡樂助協贊其□法□如胤如壽等亦各出貲贖田以為衣鉢相與拮据募助更向創造始於

神宗萬曆二十二年十二月二十七日大殿禪堂兩廡側樓共二十四楹裝塑

聖像妙麗端嚴金碧暉映斯亦禪林之勝事而鄉社之大觀矣落

成數年懷江公以建宗祠盡瘁捐館西遊其善後一切事宜雙泉公永肩無斁外侮之紛紜弗撓也寺衆之翻覆弗搖也竟如所願與仰山公樂觀厥成俱以踰八望九之年鶴髮童顏不假笻扶優游泉石所稱鄉邦之耆彥護法之善人非歟自今法衆尙念締造艱難旦暮焚修恪守規律與我里甲世世相安毋爲豪右吞涎不亦懿乎所贖田額先年鳴縣蒙

中尊陳　批照內懷江公二十五畝二十畝仍歸寺衆內十二畝常住供奉香燭之資其餘撥衆佈種每年每畝除差糧外量出銀壹錢伍分以充修葺之費永爲定規子孫固不得侵擾寺僧亦不許紊亂其畝號詳載在陰謹記

大明天啟二年冬十月冬吉旦里人後學黃思□拜撰黃士寅□書

重建檀□黃大綱　黃侚恕　黃良玉　黃思康　同建法侶□珠　法正　如升　如道　如觀　如壽　如信

喜捨信士□□ 黃榮 黃理 黃端 鍾廷貴 鍾廷韶 鍾廷芳 黃思親 黃璧 黃棠 黃紳 黃時清 趙黃氏 魯忠 趙如松 黃思義 立

大佛三尊 黃大綱 黃尙愬 黃尙文 黃□山 黃文龍 觀音大士 黃良正 黃尙志 阿彌陀佛 鍾性福

案碑爲村寺喜捨之石無足重輕惟隆慶駱志言縣東五十里鐘山有永慶教寺周顯德元年建初名永光塔院宋時改今額又書史言諸暨永慶院碧蓮堂有楊次公飛白書今考縣東五十里楓橋有鐘山而無永慶教寺駱志所謂鐘山有永慶教寺初名永光塔院及書史之碧蓮堂其在三十六都之鐘山而不在楓橋無疑故碑言古有永慶院至天啟二年而始重興也若楓橋之鐘山則舊名唐家山今俗猶承舊名明駱問禮以其形如鐘故更名見駱所著鐘山賦序不應有楊次公書自駱志山記以永慶院列於龍安寺靈峰寺之間而舊說遂誤永慶寺碧蓮堂俱在楓橋矣三十六都亦在縣東五十里與駱志符

余先生碑記碑連額高六尺廣二尺四寸六分額篆書昭代師表記言六字徑三寸記題一行十字題銜三行字不等文十四行行四十九字年月一行末行分三列上列知縣題名中列訓導俱正書徑七分下列生員題名分六行行字不等正書徑四分在學宮明倫堂

題昭代師表余先生碑記

賜進士出身試政都察院　邑人　遲春　駱先覺撰文

賜進士出身試政工部　邑人　□泉　壽成美書丹

賜進士出身奉政大夫工部營膳司郎中邑人　陞復錢時篆額

新安余君司成暨陽甫踰年遷藩府弟子員酈汝楫趙世魁陳聖諭胡化陳晉明等摶七尺□爲不朽徵言於予予□吾暨近□來邑祭酒先生未有誌去思者誌之自余君始是必有說請言其凡諸弟子群然進曰先生學產也領朱夫子之傳故其學□□□六經於墳書極博雖騷體無所不靈草有聲音雄於世則其剩也筮師

荆溪既以文型德表繑國革俗以闡於賢豪長者閒而□遷於暨也益廣勵士節敦大體情仇阿堵物篤禮嗜義勤於行諸士中有寒者周之勉爲儀則謝之　宣廟法□□講□□□□則損五斗以葺而顔之飲人以和馭役以體愛衆以德必令諸子衿伸腰褭足斷不一及偃之室而後即安不則若其身□□□未有開口吏事及於令及尺一居閒者雖前後視篆數易猶然而唯是蒙寃不白輙抗首伸□□之公府兼形於色誠有□□□言之也邇來彬彬有文士氣不折皆先生菁莪而樸棫之矣夫先生去而吾黨所不能須臾忘其大凡若□予酉嚅然□□□□固然宜乎諸生之請於予也吾聞古所不朽者三太上立德其次立功其次立言先生端身表世正德也振頹起廢□功也□□别調危言也三者立矣其有一焉猶足不朽而況三乎雖然諸生能言其可言而不能

言其所不可言則予更有深□□□□□奉教於余君矣津津名理流自肺腑而一塵不介蟬脫汙淖之中惟是一腔真率不根排强夫青氊吾先人舊物也先人□□□然在括蒼則括蒼之士附在四明則四明之士亦附亦惟是一點朴誠物無不格先民所以開衡山之雲起八代之衰學□□□志也乃知人心無處不古古道無處不行在先生爲桃李不言在諸生爲芝蘭忘臭但知所以誌不忘而終不能□其所□□□也有神相往來者矣宜諸君之請於予也諸弟子憮□自失曰此吾黨日坐春風中而不覺者也請書以付之貞石余□□□字臨甫別號扶隅新安婺源人

天啓三年歲在癸亥正月上元之吉

知諸暨縣事古閩梅臣唐顯悅

訓導　鄣　張拱極　太末周之藩

門生　鄭光祖　翁孫謀　陳泰階　周文彪　□□□　俞□□　陳玉廷　酈汝樺　郭四宋　鍾鳴世　陳晋明　張昌祚

胡化 趙學賢 鄭䰀旨 陳廷獻 馮應奎 陳會□ 郭希文 樓育英
陳之元 郭正□ 陳□斗 周紹祖 趙國器 鄭方□ 顧迎賢 阮會貞
陳聖諭 陳治隆 趙□家 趙雲章 陳善慶 陳□殿 俞謹 郭□□
□光輝 陳則行 鄭用賢 郭元傑 張一信 陳□□ 鍾曙 燃□鉅
陳聖富 □應相 □□崗 邊維□ 壽嘉猷 郭□□ 何其偉 □□縣
□□□ □□□

案余先生名純照婺源人錢塘江藻人萬歷丁未進士官山東副使駱先覺楓橋人天啓壬戌進士官曲周縣知縣人物志俱有傳壽成美曁城人亦壬戌進士官行人陳泰階以孝義偁於鄉事詳人物志

范夫子去思碑 行書徑七分 餘在明倫堂

賜進士及第翰林院修

賜進士第奉

賜進士第工部都

越歲辛未

今上復有事於春官曁學署博

范敬升先生再上公車自是龍攄雲合會

豈請事問奇以痛戀不可解足泐金石乘

之者何如耳吾師家世東海代有聞人以

陟岵之感晝荻之誠觸發其至性飭幾於夜

嗜善若渴隨所見聞處盡奬任嘘揚誼敦古人

滿矣丑□俸之入十之五葺完文廟餘以給課

矣恐善類□□爲僉而寒士失所庇也史氏騕然

其持世之神以與諸生底其蘊盧可忽乎哉治世之久

則□□師孔子討賊□挺伐吳□□□春秋三傳

論理之不可滅誠堪云不世□□□□□耶□□□

□□□□□□□□□侮人後□師□者親

□□□□□次□□□□□之吉

明

諸暨縣儒學訓導

案范我躬字敬升定海人天啟元年辛酉舉人七年到任碑殘祇存一角審諦碑文是遂於春秋學者碑又謂越歲辛未再上公車而崇禎五年重建明倫堂碑則云署教諭陸府修書辛未爲崇禎四年范去而陸署此缺當卽在是年之春而明倫堂碑則書於五年也樓志誤列陸於范前又碑云暨學署博則范亦是署教諭而非實缺又題銜中有工部都三字譌諸崇禎五年重建明倫堂碑則邑人工部都水司員外郎楊肇泰也

重建明倫堂記 碑高四尺九寸七分廣二尺三寸二分分五列弟一列記題一行書張邑侯重建明倫堂碑記十字銜十二行行字不等文十七行行十二字二列三十行行十二字三列同四列文九行行十二字年月題名五行行字不等俱行書徑四分生員題名一行書生員二字後書姓名共二十四行行四人字不等五列生員題名二十七行行四人末行二人

者董題名八行行字不等俱正書徑二分在明倫堂

一列

張邑侯重建明倫堂碑記
賜進士第資善大夫協理詹事府
事禮部尚書兼翰林院學士
經筵日講官治生姜逢元撰文
賜進士及第翰林院修撰儒林郎
直
起居注纂章奏管理
誥敕纂修
兩朝實錄
經筵展書官治生余煌書丹

二列

賓興吾鄉駱□瀊錄多士亦置
第一未幾吾鄉毛儒初奉
命選俊彙三吳之食餼者精較之
擢侯鄉進士在合郡又第一
廷對稱旨就試南雍甲子不佞典
闈中牘于分房初擬侯第一以
得之雍也稍抑之余知侯而不
能從王駱諸君子後余愧也乙
丑于侯有厚望曰莊汞春薦之
力反深當時之忌今日遇

賜進士第奉直大夫湖廣武昌　主分符幸爲吾暨所借然則侯之
府知府前工部都水清吏司員　淵源于浙有日矣浙人食其報
外郎治生楊肇泰篆額　□天錫之以造吾暨固宜暨號
古之學者鄉有塾里有社歷三　劇邑侯下車銳然與民更始皇
代而制大備雖庠序殊號其意　皇學宮是葺過計者稱東事發
可考而知也漢興詔天下郡邑　難以來
各建學而立之師迄我　聖天子方徵兵索餉緦緦武備茲
明廟祀聿隆兩雍以下黌宮櫛比　之役毋乃時詘舉嬴而侯曰否
縣署曰明倫蓋倫明然后民親　治天下有道在得其本而圖之
先王建國親侯以親萬民人盡　卽奴□交訌秦晉雲擾未足憂
民也樸者農之黠者商之俊秀　也可憂者人心耳入其國而孝
者士之欲其親親以相及則惟　友無訓嚚訟成風小大貴賤無

倫是視倫獨嚴子矜哉我　等若是者未可以刑名勝之教
皇上神明天縱思以經術飭吏治　之以倫明天之道立人之紀納
極一時文學之選領州縣牧旋　諸軌物之中而後化可施也爲
下　人臣者明此以事其君爲人子
特旨三載最績取卓異充館職吾　者明此以事其父爲人弟者明
侯應運以興侯固余南宮所得　此以事其兄天下不煩理矣輸
士也弱冠主吳盟甲寅吾鄉王　粟濟邊捐金募士其餘事矣
咸所銜吳拔童子試第一繼屆　朝廷無東顧之憂則已果有之不
三列　四列
必吏於漢將於秦如土木之變　下艮牧一旦膺
于忠肅明社稷之爲重而虜氛　召而行
坐靖逆藩作難煽指建康王文　旃厦之間

成明順逆之勢計日成擒之兩　顧問及焉侯啓沃之無他術也宰
人非浙庠先輩哉得一遂足定　天下與宰邑有二哉余深慮後
天下誰云儒効之疎而忽之於　之俯仰斯堂者追侯修堂之旨
是庀材鳩工刻日告成進諸弟　而失其意也因序及之侯諱夬
子課之無虛日在當道倘疑設　號撤藩南直丹陽人登辛未進
處之艱詳允逡巡不下未知茲　士　昔
堂屹然在望也暨人士德之異　崇禎五年歲在壬申中秋日立
之謀所以勒之曰急先務智也　署教諭事舉人當湖陸府修手
劄官俸不費帑金義也竹頭木　書
屑咸適於用才也稽程省試築　訓導曹　濬　陳士毅　柳時炅
舍毋撓敏也然不盡侯也侯之　典史姚士謙
意非以修堂乃以修倫非修之　生員

爲邑弟子型乃修之爲諸大夫國人矜式也庶幾羣暨人曉然知侯之意而若於訓父告其子兄告其弟登堂而知懼也望堂而知慕也一人明則一家親人人明則一國親侯親民與王者親侯之意始暢然無餘事而天下定嗣是朝銘夕槧勤教鐸以闡明此倫賢祭酒任也掇青紫以光大斯堂邑俊茂事也若修譚形勝乞靈堂搆豈侯意哉粵稽漢宋三公出知郡守循良之

酈用賢　郭四案　邊士彪　陳光珹
周　震　陳　檄　方宏憲　郭士畿
周思屏　駱國業　錢芳肅　王日炳
趙之臣　石于介　周崇禮　陳積誠
傅　偕　周廷俊　何曙賢　斯開茲
駱起明　張昌祚　傅列張　陳晉明
酈汝楫　趙世魁　趙昌祚　陳善慶
鍾鳴世　趙明錞　周良佐　陳之元
趙雲章　陳治隆　陳夢斗　斯吉嘉
樓羽岳　陳悅從　趙　琳　楊培本
鍾泰運　張一信　陳泰明　石有璋
石有光　酈志賢　方順昌　方期昌
駱方新　樓明芳　何幸太　何幸昇
樓映斗　駱　紳　樓汝華　陳世楨
駱聲雷　王錫圭　駱淩雲　駱登雲
陳德暘　陳自成　陳自欽　陳自鎔
王　憲　邊兆麟　邊兆鳳　邊兆龍
鄭國鉉　壽徵昌　壽徵礽　沈應鯉
樓勝奎　酈　玑　壽嘉徵　壽嘉嗣
壽鑄幬　壽嘉修　壽嘉傅　王　敳
周公諭　楊　樞　俞　楷　周開章
陳廷猷　孟　琛　俞　性　胡朝宗
陳聖諭　柴　旭　章　燁　鄭子元
袁佐堯　俞　球　陳在中　章可傳

牧間進而黎茲政事內外臣猶

左右手然今

皇上注意蒼生設編簡之席俟天

並列

鄭俊章　朱士魁　張瑜　朱士元
朱永亨　楊光熚　戚璜　蔣性安
楊凌雲　趙際明　周道光　顧璀
劉廷棟　楊肇新　楊肇震　侯綸章
張宏勳　楊廷栻　張世維　趙志達
趙邦應　張賢　黃益忠　黃金鉉
姚繼鈺　馮應麟　馮應求　樓禹謨
楊牲　鄭夢京　壽爾嘉　王國相
郭維坤　鍾鳴岡　周臣　周道泰
郭元傑　趙泗儒　俞世祿　王明宸
葛維綸　俞銓　□□泰　楊之
余綸　壽夢龍　陳廷諍　周學書
方宏應　樓應宿　蔣爾瑛　壽自達
俞龍章　章志選　樓觀　俞必躍
傅聰　俞志宏　郭燧生　傅列斐
蔣以令　蔣君美　蔣生香　蔣揚武

姚　岳　樓士甲　章志魁　樓　琨
俞成章　姚繼祖　樓明際　陳際陽
駱光祖　傅　煜　袁之時　陳蓮軾
金　鈺　傅日烱　朱孔昭　馮履祥
婁國相　趙隆明　趙其釗　楊龍吉
朱徹嘉　趙雲鳳　趙　璋　趙士奇
陳桂春　王三接　傅德新　陳善教
趙明祚　黄之襄　姚奇玉　王淵亮
毛之駿　呂純如　金之昌　楊士奇
吴日昌　張錫昌　程　璨　斯時夏
柴　元　蔡紹箕　金應櫝　陳魯生
張　光　王明福

督工耆老
郭慶十九
袁忠二百四十二
鄺科三十三
王景八十三
鍾子仁
董事　余問
黄國贊

案張夬字撤藩丹陽人崇禎五年任即建碑之年也箸有苧蘿山志陸府修碑僩當湖舉人浙江通志選舉志失載姜逢元字

仲詡萬歷癸丑進士官至禮部尚書遂元爲餘姚人而非邑産碑中有天錫之以造吾暨云云非也余煌字武貞會稽人天啓乙丑狀元崇禎末官左諭德右庶子魯王監國拜兵部尚書江上兵潰王航海遁煌倉卒赴水舟人拯之居二日復投深處死楊肇泰字六符楊家漊人萬歷己未進士碑偁工部都水司員外郎舊志祇謂以甌甯縣知縣行取遷刑部主事調戶部失載工部都水司員外郎銜可仍以補闕生員題名中傅儲余綸駱起明酈汝楫傅日烱錢芳肅石有光人物志俱有傳而中黄先生臨危致命尤堪不朽亦可想見當時學校之盛矣

無時代

漢嚴助墓碣 碣徑二尺六寸橫一尺五寸正書徑五寸餘分無年月在二十五都嚴助墓前

江東嚴助墓

案漢書嚴助傳助吳人嚴夫子子也或曰族家子以賢良對策擢中大夫建元中以諭南越遣子入侍上悅問助居鄉里時對曰家貧爲友壻富人所辱問所欲曰願爲會稽太守乃拜會稽太守又朱買臣傳云邑子嚴助薦爲中大夫是助與買臣爲同邑人漢書並偁爲吳人是也而剡錄言諸暨有買臣書堂二十五都又有助墓或二人後遷諸暨亦未可知然無從肊斷也碣字非漢隸不知書自何代

苧蘿摩厓正書徑圍一尺六寸下有小字數行惟一苧字可辨識餘皆漫滅在苧蘿山東麓石壁瀕浦陽江

案明王季重遊苧蘿山記云苧蘿山石壁高數十丈題浣紗二字斗許大筆勢飛搴位置安善云是右軍筆予細察之大似褚河南褚固祖王者而字旁右軍字未滅又云右軍墓在苧蘿山則此石乃其熟遊之地理或有之卽不是右軍亦是唐宋人高手所贋固自韻事而胥吏阿承官長易之名而冒其廓可恨也

季重來遊時適唐梅臣令暨之日當時冒名獻媚記中已隱言之矣且舊志修於梅臣令暨之前二字皆箸錄則斷非梅臣書可知字跡圓勁似晉人殆王書而褚摹歟櫟園西河之譏言可無論焉今紗字飛騫安善誠如季重所言而浣字爲近人修改失其眞矣旁右軍字亦剥蝕不可識德清俞先生樾亦謂是唐令書殆未見季重記文也

棲巖摩厓　隸書徑八寸餘在孝義鄉四十四都鹿上山麓龍湫上石壁旁小字磨滅不可識無年月

案石卽在西岳寺山門寺建於六朝當亦是六朝人手蹟然不敢肊斷也

見大亭石池南壁摩崖正書徑圍二尺二寸在楓橋紫薇山麓見大亭方池石壁

海眼

案舊傳以爲明海忠介書見大亭建自駱兩英駿子問禮修郎世所偁纘亭先生也先生爲忠介高弟舊說當有所據字硬勁似乎原與忠介生平所作手札亦似

見大亭石屋摩崖正書徑圍一尺八寸在見大亭石屋壁上與海眼二字南北隔池斜峙而此石略高舊傳亦謂忠介所書

漱石枕流

白馬嶺摩厓 正書摩厓徑三寸三分横二尺三寸無年月書人在杭烏山白馬嶺天鵝峰字絕似井檻瘞鶴當是齊梁人手筆

諸暨縣志卷四十五

金石志下

闕訪

周

聖姑廟銅鐏

縣北泰北鄉梓里隖聖姑廟有周時銅鐏形似鐘而有莖映水用芒莖拂之則鳴見寰宇記乾隆府志引

晉

王右軍墓碑

孫綽撰王獻之書在苧蘿山見嘉泰會稽志

唐

香嚴寺碑記

康希銑撰徐嶠之正書并篆額開元十一年六月立在義安鄉香嚴寺見嘉泰會稽志○寶刻叢編香嚴寺本梁賈恩宅其妻捨宅爲寺舊名同惠院神龍中改今額案南史及宋書孝義傳皆云恩宋人元嘉二年旌門叢編云梁賈恩豈別一人歟又其妻捨宅云云則非宋賈恩妻柏氏可知若柏則早救柩焚死矣事詳人物志

越中衙前總管杜府君義墓誌銘

沙門東乂撰太和三年四月立舊在山陰九里宋淳熙壬寅呂氏營葬得之攜歸諸暨文見古刻叢鈔

王府君士倫墓誌

章武及書并鐫太和九年八月立在諸暨文見古刻叢鈔諸道石刻錄云太和九年士倫終於暨陽

開元觀夏尊師季昌墓誌

何得一撰正書無姓名會昌元年二月立在諸暨陶朱山見復齋碑錄

平察微墓誌

咸通三年八月立在陶朱鄉赤山岡見諸道石刻錄嘉泰會稽志云名闕字察微漢相平公之裔也

彭城劉府君碑

楊珪撰咸通十年十一月立在安俗鄉山亭見嘉泰會稽志

軍庫使團練衙前散將吳最墓誌銘

平昌賀蘭魯撰乾符五年三月十八日立在縣北湄池山之原乾隆五十四年二月二十六日出土誌文載山水志銘字漫滅

翠峰寺石刻

皮日休書在諸暨翠峰寺石勒四大字曰藏經之殿見乾隆府志

寶壽寺碑

在寶聚山寶壽寺見嘉泰會稽志寺舊有來青閣涵碧亭藏經之殿三額爲柳公權書則此碑或亦柳書或柳同時人所書以無可攷證坿於唐碑之末別詳山水志

吳越

青石寺鐘

鐘高丈餘係吳越時所鑄鐫晉天福年月及寺僧施鐘人姓名別載山水志

宋

翠峰寺石刻

范仲淹撰在淨觀寺見嘉泰會稽志淨觀寺卽翠峯也詩載山水志

陶朱公廟碑

吳處厚撰在陶朱山下陶朱公廟今廟在南門外三里許文載壇廟志

五洩龍堂禱雨記

吳處厚撰嘉祐中立在五洩山見嘉泰會稽志

逍遥齋記

吳處厚撰并書在諸暨主簿廨文載建置志

仁和縣君王夫人墓誌銘

高象撰李隆書魏詢篆額治平四年丁未立在花亭鄉象路口比部塘頂比部郎黄宋卿之妻也見孝義黄氏譜

越州諸暨縣延慶院僧法二堂碑記

蘭陵蕭闢撰書黃宋卿篆額吳世瑫立石熙甯七年甲寅十月建在開化鄉千歲山麓延慶寺文載山水志

衛尉少卿黃仲驤振墓誌銘

朱戩撰熙甯十年丁巳立在孝義鄉下碧村仙人蹺足山文載山水志

比部員外郎黃公輔宋卿墓誌銘

韓羽撰元豐二年己未二月立在花亭鄉象路口比部塘頂文載山水志

贈禮部侍郎黃醇翁舜卿墓誌銘

陸佃撰在花亭鄉四十五都任家隖見孝義黃氏譜

黃讓君庾墓碣

朱戩撰元祐三年戊辰十二月立在花亭鄉建興里見孝義黃

氏譜

衞尉少卿黃仲驤仁壽縣君劉氏合壙誌

陸傳撰建炎二年戊申十一月立在孝義鄉下碧村仙人蹺足山縣君先葬於花亭鄉金鵞哺子山至是年遷柩合葬於此陸傳更爲之銘見孝義黃氏譜

文安縣開國男贈太師黃子實彥墓誌銘

姚舜明撰建炎二年戊申十二月立在槩浦鄉南安嶺文載文徵

司封郎中黃武仲鉞墓誌銘

傅崧卿撰在孝義鄉上林里清涼寺左見孝義黃氏譜

望煙樓記

楊時撰紹興四年甲寅鐫在孝義鄉四十一都文載坊宅志

監文思院黄必謙閒墓誌

李耆俊撰在孝義鄉見黄氏譜

琴隝記

朱熹撰淳熙五年戊戌鐫在紫巖鄉琴隝文載坊宅志

王荆公墓碑

在縣南寶林山南宋淳熙中王氏同派族姓補立事詳山水志

諸暨縣重建主簿廳記

陸游撰嘉泰元年辛酉立文載建置志

提刑直寶文閣王順伯厚之墓誌

嘉泰四年甲子立在龍泉鄉寶峰嶺殘文見王氏譜

湯府君墓誌銘

張亨辰撰正書任嶼篆額嘉定六年癸酉立在星湖皂山湯名

用和字執禮湯家塾人見湯氏譜

周博士墓誌

李大同撰在花山鄉六都直步大將山大同字從仲東陽人嘉定癸未進士碑無年月故坿於嘉定末年文載山水志

諸暨縣重建縣獄記

劉宰撰端平二年乙未立文見漫塘集

吳公壙誌

子吳之茂撰淳祐三年癸卯十一月十一日立在孝義鄉黃演山吳名㔶字浣公流子里人文見吳氏譜

五洩豐澤廟禱雨記

趙孟堅撰淳祐七年丁未立文見彝齋文編

芝泉亭記

潘文虎撰開慶元年己未鐫在大部鄉孝感山麓文見孝感里志

虞君秀芝墓碣

孫德之撰在金興鄉松山之原德之東陽人官祕書丞考亭甚重之一時碑版照耀東南以其爲理宗時人而記不書年月故坿箸於此文載文徵

德安守張定墓隧碑

在紫草隖元吳萊撰張定傳自言過定所居處得墓隧間故碑删爲傳則此碑元時猶未佚也見乾隆樓志

翠峰寺畫竹

劉叔懷畫在西城翠峰寺後地歸大雄寺見萬歷府志

元

白門義莊記

項琛撰大德中立在白門村事見申屠澂方圻墓誌銘

吳府君墓碣

宋濂撰至大二年己酉十月五日立在孝義鄉戈溪隖吳名護字邦輔古流子里人文載山水志

諸暨州壽聖院觀音殿記

任大林撰至大中立文見松鄉集

諸暨州西山接待院記

任大林撰至大中立文見松鄉集

凝碧軒記

申屠性撰在紫巖祝隖文載坊宅志

張君妻趙氏與婉墓碣

黄溍撰至治二年壬戌立在縣治北門外文載文徵

諸暨州鄉貢進士題名記

黄溍撰在明倫堂文載文徵

陳景傳題壁詩後記

黄溍撰在新店灣陳詩無攷黄記載山水志

蔣飛卿明龍墓誌銘

黄溍撰泰定四年丁卯二月十六日立飛卿進士胡一中之妻

父也文載文徵

胡景呂先生墓誌銘

黄溍撰致和元年戊辰立殘文見黄文獻集

方府君鎰墓誌銘

宋濂撰天歷元年戊辰四月立在白門鳳凰山麓是年致和天

順天歷凡三改元文載山水志

山陰君碑

楊維楨撰至元五年己卯九月立在長阜鄉銅阬山君名弘封

山陰尹維楨之父也文載山水志

諸暨方孝婦石表辭

宋濂撰至正二年壬午九月十五日立在馬鞍山文載山水志

樓蔡叔墓誌銘

楊維楨撰至正二年壬午十二月立在長甯鄉江口村山文載

山水志

淮東道宣尉副使王止善墓誌銘

黄溍撰至正八年戊子七月丙申立在長甯鄉九竈山龍隖文

載山水志

諸暨州重建州學記

劉基撰至正十五年乙未鐫文載學校志

方府君大年禧墓誌銘

戴良撰至正二十三年癸卯十二月乙卯立在泰南鄉高湖文載山水志

申屠先生性墓誌銘

戴良撰文載文徵

斯夫人壙誌

吳銓撰至正二十四年甲辰正月二十七日立在孝義鄉石尤山夫人吳用中康之妻銓母也文載山水志

浦陽鄭彥貞鉉墓誌銘

宋濂撰至正二十四年甲辰立在同山鄉宣山文載山水志

元孝子樓仲高昇墓誌銘

楊維禎撰至正二十五年乙巳立在長甯鄉馬塘山文載山水志

楊氏撥何馨壙誌

楊維楨撰在長阜鄉桐坑山文載山水志

明

陳府君大倫墓誌銘

宋濂撰吳元年十二月十八日立在孝義鄉呂塘文載山水志

黄氏歸田記

戴良撰在孝義鄉仁壽莊文載文徵

重建跨湖橋記

陳嘉謨譔洪武元年戊申十月立在陶朱鄉附一都文載山水

志

筠西吳府君墓碣

宋濂撰洪武四年辛亥正月六日立在孝義鄉戈溪隖文載山水志馮至允都名教錄謂吳宗元先生筠墓在餘杭天柱山下誤也案府君名宗元號筠西名字舛錯葬地又異或別是一人非暨產也

孝義處士吳用中康墓誌銘

金碓撰洪武五年壬子十二月二十五日立在孝義鄉石尤山文載山水志

仁壽莊記

蘇伯衡撰在孝義鄉文載坊宅志

延慶禪院捨宅記

吳鉞撰駱彥章書洪武十四年辛酉十月立在開化鄉千歲山
延慶寺文載山水志

陳環娘墓壙誌

吳銓撰洪武十五年壬戌十一月二十七日立在孝義鄉流子
里楊村山環娘楓橋陳氏女虎髯生吳銓妻也文載山水志

陳宅之墓誌銘

宋濂撰洪武十六年癸亥閏十一月立在戈溪隖文載山水志

孝義夫人劉氏墓版文

金雍撰洪武中立在孝義鄉石尤山吳處士用中之繼妻也文
載山水志

孝義夫人劉氏墓誌銘

周子治撰詹希原篆額見孝義吳氏譜

新雨山房記

宋濂撰在縣治北門外文載坊宅志

孫夫人壙誌

吳治撰洪武二十五年壬申三月三日立在孝義鄉高城山夫人治母也文載山水志

黃仲恂墓誌銘

申屠澂撰洪武二十五年壬申五月立在孝義鄉文載文徵

味菜軒記

方孝孺撰洪武中鐫在靈泉鄉十三都裏蔣村文載坊宅志

方處士圻墓誌銘

申屠澂撰永樂二年甲申十二月十五日立在花山鄉新亭山文載山水志

太平橋記

單宇撰在縣治東門外景泰中立文載山水志

亡孫居安壙誌

駱象賢撰天順元年丁丑十二月七日立在長阜鄉朱塘山文載山水志

陳南齋先生墓誌銘

陳鑑撰天順六年壬午立在長阜鄉楓橋左單提隴先生名齋人物志有傳文載山水志

溪園居士壽藏銘

□蘭撰在長阜鄉蟠龍山文載山水志首一字泐據駱氏譜作紫蘭紫字當是柴之譌

干溪橋記

魏驥撰成化五年已丑立在東安鄉大干溪文載山水志

江西副使駱蘊良瓏墓誌銘

趙寬撰宏治十二年己未十二月立在長阜鄉蟠龍山文載山水志

重建廳事記

蕭鳴鳳撰正德十四年己卯知縣彭瑩立石文載建置志

澧州知州鄭思軒欽墓誌銘

王華撰正德十五年庚辰二月二十八日立在長甯鄉幞頭山見鄭氏譜

三事堂記

知縣朱廷立撰嘉靖三年甲申立在縣署文載建置志

南雄同知陳廷獻翰英墓誌銘

黄巘撰嘉靖四年乙酉七月立在長阜鄉楓橋右單提隴文載

山水志

觀稼亭記

朱廷立撰嘉靖四年乙酉立在縣東五里亭萬歷時知縣劉光

復改建貞烈祠文載名宦志

五顯橋記

朱廷立撰嘉靖六年丁亥立在長阜鄉楓橋鎮文載山水志

重建永和橋記

駱問禮撰嘉靖七年戊子立在長浦鄉宣和鎮文載山水志

弋陽知縣鄭南溟天鵬墓誌

駱問禮撰嘉靖三十五年丙辰立在長甯鄉白茅山麓文載山

水志

築城記

知縣林富春撰嘉靖三十五年丙辰立文載建置志

千秋橋記

駱問禮撰嘉靖四十二年癸亥立在超越鄉句乘山北十五里

許洪浦江滙文載山水志

黄石田池墓誌銘

錢德洪撰嘉靖四十五年丙寅九月十九日立在開化鄉大門

靈芝山文載山水志

預備倉記

周繼夏撰隆慶元年戊辰立在縣治城隍廟側文載建置志

會義橋記

姜子羔撰隆慶四年庚午立在縣南十五里文載山水志

譙樓記

知縣夏念東撰隆慶五年辛未立在縣署大門文載建置志

梁公生祠記

呂本撰隆慶辛未立在縣治西隅紫山文見舊志

脩築徐公堤記

陳源撰在縣學前隆慶六年立文載學校志

潁州州判鄭嘗軒大駿墓誌銘

駱問禮撰隆慶六年十二月立在長甯鄉欅樹山文載山水志

修建五顯橋記

駱問禮撰萬歷三年乙亥冬立在長阜鄉楓橋鎮文載山水志

重建楓橋記

駱問禮撰萬歷九年辛巳立在長阜鄉楓橋文載山水志

五浦利民圩閘記

鄧謐撰萬歷十四年丙戌立在泰北鄉大侶湖文載水利志

靈雨祠碑

陳性學撰萬歷十七年己丑立在縣治南司東文載壇廟志

建立義倉祠誌

陳性學撰萬歷二十年壬辰立在長浦鄉宣何鎮文載建置志

時公生祠記

駱問禮撰萬歷壬辰立在宣何公館義倉之間文載名宦志

文明閣記

陳性學撰萬歷二十二年甲午立在江東距縣治里許文載壇廟志

義冢記

知縣尹從淑撰萬歷甲午立在北門外黃泥塘頂文載志餘

壽兩江成學墓誌銘
駱問禮撰萬歷甲午十二月十八日立在西安鄉蔣家山文載山水志

尹公德政碑
陶允宜撰萬歷二十三年乙未立在縣署文載名宦志

謝公德政碑
陳性學撰萬歷二十五年丁酉立文載名宦志

重修太平橋記
劉光復撰萬歷二十六年戊戌立文載山水志

花園埂記
劉光復撰萬歷二十七年己亥立在泰北鄉大侶湖距茅渚東里許文載水利志

下廟嘴埂記

劉光復撰萬歷己亥立在縣東五里許沙埭文載水利志

白塔湖埂閘記

劉光復撰萬歷己亥立在紫巖鄉白塔斗門文載水利志

高湖埂閘記

劉光復撰萬歷己亥立在泰南鄉文載水利志

朱公湖埂閘記

劉光復撰萬歷己亥立在花山鄉文載水利志

廟嘴埂記

劉光復撰萬歷己亥立在泰北鄉大侶湖文載水利志

興越二大夫祠記

劉光復撰萬歷二十八年庚子立在上横街文載壇廟志

祝橋記

劉光復撰萬歷二十九年辛丑立在花山鄉祝橋文載山水志

修建會義橋記

劉光復撰萬歷三十年壬寅八月立文載山水志

跨湖橋記

劉光復撰萬歷壬寅立在縣治北五里坍一都文載山水志

萬一樓記

駱問禮撰萬歷三十一年癸卯鐫在長阜鄉楓橋鐘山之麓文載坊宅志

重建金浦橋記

劉光復撰萬歷癸卯立在縣北七十里紫巖鄉文載山水志

貞烈祠碑

劉光復撰萬歷癸卯立在縣治東北五里迓福門祠卽觀稼亭遺址建文載壇廟志

贈通奉大夫陝西左布政使陳聞野鶴鳴墓誌銘

金學曾撰萬歷三十二年甲辰二月立在東安鄉干嶺亭山峰文載山水志

祝橋湖開河記

劉光復撰萬歷甲辰立在花山鄉沈家湖文載水利志

重修見大亭記

駱問禮撰萬歷甲辰鐫在長阜鄉楓橋紫薇山之麓文載坊宅志

善感橋記

劉光復撰萬歷甲辰立在超越鄉雙溪港文載山水志

茅渚橋記

劉光復撰萬歷甲辰立在茅渚步文載山水志

在茲閣記

劉光復撰萬歷三十三年乙巳立在縣治北隅文載壇廟志

新亭橋記

劉光復撰萬歷乙巳立在花山鄉新亭步文載山水志

湖廣副使駱纘亭先生墓誌

陳性學撰萬歷三十七年己酉立在長阜鄉楓橋鎮東南里許

仙人屏俗僞豬肚山文載山水志

劉公生祠碑

陶望齡撰萬歷末年立文附載名宦志

陳翥濱先生子朝墓誌銘

來宗道撰萬歷四十一年癸丑十二月立在大部鄉紫鞍山文載山水志

解空寺碑

許宏綱撰萬歷四十六年戊午九月立在縣東東白山麓解空寺文見斯氏譜

永利倉記

劉光復撰萬歷四十七年已未立在縣學側湖水頂文載建置志

浣紗石記

知縣王章撰崇禎四年辛未鐫在苧蘿山西子祠文載山水志

鏡方橋記

路邁撰崇禎十一年戊寅立在諸山鄉清潭文載山水志

西子祠碑記

知縣張夬撰崇禎中立在苧蘿山文見苧蘿志

重建縣署廳事記

署知縣陳子龍撰崇禎十五年壬午立文載建置志

宅步祠堂記

陳洪綬撰崇禎十六年癸未立在長阜鄉楓橋化龍莊文載文徵

祔廟記

陳洪綬撰崇禎癸未立在宅步祠堂文載文徵

無窮師塔銘

陳洪綬撰崇禎末年立在楓橋鎮北隅永楓菴側文載山水志

靈女石刻

在泰北鄉九江山梓里隖聖姑廟廟後石室幽邃巖厓四壁鐫石爲女像號曰靈女見嘉泰會稽志

諸暨金石志卷四十五終

縣人周善培督梓

諸暨縣志卷四十六

經籍志

郡邑志乘例表經籍大率止載卷帙姓氏而已章實齋謂當分其類爲三曰傳世曰藏家分隸四部加以考語曰亡逸別自爲類附於末朱竹垞作經義考初惟列存亡二例後分例曰存曰佚曰未見蓋以一人之見難徧有非存亡二例所能概者吾邑文獻屢經兵燹蕩然無什一之存殘簡賸編冀海內或有藏弆之家則未見一例最爲允當故今從朱例焉唯竹垞於序跋諸篇備錄無遺今惟節其於本書有所發明者至其書已亡或亦少有詮釋皆本之先正確有依據不敢憑臆以誣古人

經部

易類

周易圖說

宋黃開撰開字必先紹興甲戌進士官崇安令是書載萬歷府志朱竹垞彝尊經義考亦載之云佚

易解

宋張堅撰堅字適道從胡安定遊事蹟詳列傳書載其裔孫廉孝感里志今佚

易原

宋張復撰復字一甫堅族人也邃於易亦載孝感里志今佚

易原續解

宋張芝撰芝字處馨復孫也能承家學故名其書曰續解與堅之易解復之易原稱一家三易今俱佚

周易附傳一卷

宋陳壽撰壽字元岡紹興五年舉特奏名進士官翰林經諭以忤秦檜改應奉翰林文字事蹟詳列傳書載陳祿南遷事實記今佚

易說緒餘

元陳洙撰洙舉州學教授大倫從兄也續宏簡錄云大倫始學易於從兄洙則洙之學有本原可知其書目載宏治府志今佚

嵊山易門上下二卷

明張一龍撰一龍字子化嵊山其號也事蹟詳列傳孝感里志載周易乾序一首謂上卷遺參考圖書及卦變者十有餘頁下卷遺雜卦數頁而彙輯天一地二章極爲精當集邵說於雜卦首亦極有理緒是在當日已有殘佚今無傳本

易解參義

明楊肇祿撰肇祿字適百諸生事蹟詳列傳雲間陳子龍以節推署邑篆虛左待之及卒門人私謚誠一先生書佚

周易七鏡心鉢

明傅礽撰礽字元之諸生事蹟詳列傳闢木雞軒度書其中洞闡易理著此書行世今未見

羲經講義四卷

國朝楊學泗撰學泗字魯嶧副貢生事蹟詳列傳是書載乾隆府志今印本猶有存者學泗講性學故是書以程傳爲宗

周易彙解

國朝張鴻儀撰鴻儀字羽文乾隆戊午副貢事蹟詳列傳書載孝感里志今未見

周易補疏

國朝張建範撰建範字洪九廩生事蹟詳列傳書載乾隆府志今未見

周易疏解

國朝楊有慶撰有慶字履旋貢生事蹟詳列傳書載乾隆府志今佚

周易補義一卷

國朝楊垂撰垂字統甫乾隆辛卯舉人事蹟詳列傳書未見

大易易簡六卷

國朝楊伯昭撰伯昭事蹟不載志乘乾隆府志經籍目註云諸暨楊伯昭撰今未見

周易彙解

國朝酈國華撰國華字莩庭諸生事蹟詳列傳彙邵程二家說成此書今未見

易例四十卷

國朝樓卜瀍撰卜瀍字西濱乾隆庚辰舉人事蹟詳列傳書未見

周易新義十二卷

國朝蔣載康撰載康名釗以字行乾隆辛卯舉人事蹟詳列傳晚而好易謂王輔嗣以淸言亂經發漢後二十一家注探討成此書未付梓稿燬於粵寇之難

周易大義

國朝屠倬撰倬字孟昭錢塘籍嘉慶戊辰進士官儀徵縣知縣事蹟詳列傳傳不言其著是書而浙江通志載之今未見

附錄

乾坤鑿度注

元韓耘之撰按乾坤鑿度隋志崇文總目皆未著錄至宋元祐閒始出程龍謂隋焚讖緯無復全書今行於世惟乾坤二鑿度是也耘之爲之註因自號造微子書目見楊鐵厓集今未見

書類

定正洪範二卷嘉定錢大昕補元史藝文志題作定正洪範集說一卷

元胡一中撰一中字允文補元史藝文志作允大泰定四年進士官紹興府錄事事蹟詳列傳是編因王柏文及翁吳澄三家改定洪範本而參以己意首圖說次考訂經文次爲雜說前有貢師泰序一中自序後有陳顯曾跋其自序云因括蒼鮑氏有

定正武成之論而集王魯齋文本心吳草廬三先生所定各摭其長以正之非敢出於臆見陳跋引江村消夏錄謂服虔傳春秋稱古文篆書一簡八字而說書者謂每行十三字括蒼鮑氏以之定正武成諸暨胡氏以之定正洪範

四庫提要極駮之謂河圖洛書名見繫辭不云有關於洪範漢書五行志始載劉歆之言稱禹治洪水錫洛書法而陳之洪範是也於是洛書始合於洪範然猶未及河圖一中又因歆有河圖洛書相爲經緯八卦九章相爲表裏之文遂以河圖洛書併合於洪範而又參以陳摶先天之說所列二十八圖大抵支離破碎至於無黨無偏亦以五行生克立論尤爲無理其以九爲河圖十爲洛書沿用劉牧說於彼法之中自生轇轕猶其小焉說既穿鑿理多窒礙乃於必不可通者更遁

爲錯簡之説以巧飾其謬遂割裂舊文强分經傳移曰王省
惟歲以下八十七字爲第四第五章之傳移無偏無陂以下
五十六字於皇建其有極句下爲五章之經移斂時五福以
下割裂其文爲九章之傳其餘亦多以彼掇此意爲顛倒並
據吳澄之説改而康而色句爲而康而甯攸是彝是訓句爲
是彝是倫則併其字而竄易之考尚書正義載漢書五行志
以初一曰五行六十五字爲洛書本文孔安國則以爲禹所
第敘劉向以爲龜背先有三十八字劉歆以爲先有二十字
孔穎達均謂其無據其以一曰五行以下爲箕子所演則諸
家並同絶無遂章各有經傳之説一中欲倣朱子考定大學
孝經之例强爲分别既已無稽且一中旣稱一行十三字何
以於庶民錫汝保極以七字而錯一簡五皇極曰皇建其有

極以九字而錯一簡曰王省惟歲以下復以八十七字錯一簡也龔明之中吳紀聞載北宋余燾上書請移洪範王省惟歲以下八十七字於四五紀一節以下爲臺諫所彈不果施行是前此已論定矣何一中又祖其說耶是書康熙閒崑山徐氏刻入納蘭氏通志經解中明文淵閣書目有定正洪範一冊季滄葦藏書目亦祗一卷與此小異

禹貢註

明酈光祖撰光祖字均儀歲貢生官至邵武縣知縣事蹟詳列傳書載浙江通志萬歷府志今未見

尚書評

國朝張時豐撰時豐字得魚事蹟詳列傳書載乾隆府志今佚

洪範九疇論

國朝楊有慶撰有慶著有周易疏解已著錄是書載乾隆府志

今未見

書傳口旨四卷

國朝樓卜瀍撰卜瀍著有易例已著錄是書未見

尚書釋義

國朝周杲撰杲字蟫史嘉慶癸酉舉人銓長興縣學教諭事蹟

詳列傳書未梓而燬於粵寇之亂

胡氏禹貢錐指勘補十二卷

國朝姚燮撰燮字梅伯寄籍鎮海道光甲午舉人事蹟詳列傳

胡朏明渭禹貢錐指世稱精核阮文達元刻之

皇清經解中燮所勘補皆有確據洵胡氏諍臣也

詩類

詩經辨論

元陳潛撰潛事蹟詳列傳書載萬歷府志今佚

毛詩彙解

國朝袁紘撰紘字御繡諸生事蹟詳列傳書載乾隆府志今未見

毛詩集解

國朝酈祖桓撰祖桓字公璧諸生事蹟詳列傳書載乾隆府志今未見

國風論

國朝周晉撰晉字接三雍正丙午舉人事蹟詳列傳書今未見

詩經辨異二卷

國朝陳祖範撰祖範字法子增貢生官山東博平縣知縣事蹟

詳列傳是書辨正三家異文而折衷於毛詩會稽范家相三家拾遺首卷古文考異多脱胎於此未免駁雜然宋王應麟詩考寥寥數頁掇補訂證亦不爲無裨長洲嵇曾筠爲之序

詩序闡真

國朝楊有慶撰有慶所著周易疏解洪範九疇論皆佚惟此書獨存刻於乾隆乙酉其書折衷

欽定傳說彙纂以詩注詩以傳注詩又援引漢唐詩以注詩案有慶嘗從天台齊息園侍郎召南遊故學有原本是書召南爲之序稱其眞得於性情而闡乎詩序之眞洵不誣也

毛詩訂疑四十卷

國朝樓卜瀍撰未見

禮類

禮經約

元楊維楨撰維楨字廉夫泰定丁卯進士事蹟詳列傳書見宋濂所作墓志宏治府志亦載之今未見

禮記心印

明陳翰英撰翰英字廷獻景泰癸酉舉人官南雄府同知事蹟詳列傳書載樓志今佚

鄉飲序次圖說一卷

明駱問禮撰問禮字子本學者稱纘亭先生嘉靖乙丑進士官至湖廣副使事蹟詳列傳書載朱竹垞經義考今未見

儀禮鈔解

國朝傅楨撰楨字紹說諸生事蹟詳列傳取儀禮爲經禮記爲傳采輯衆說以成是書載乾隆府志今未見

周禮論

國朝周晉撰晉有國風論已著錄是書未見

禮圖約編

國朝樓卜瀍撰未見

禮記簡約

國朝石作硯撰作硯字靜久貢生事蹟詳列傳書載乾隆府志今未見

周官心解二十八卷

國朝蔣載康撰載康有周易新義已著錄是書爲其孫如所校刊餘姚邵瑛吳縣潘世恩爲之序載康鄉舉時典試者爲武進莊方耕存與莊故精三禮載康從之問難得其指授故其學尤精於禮嘗謂周禮在漢視諸經爲晚出故疑義亦視諸

經爲最多後儒宗鄭者墨守前說鮮所發明攻鄭者排訐百端徒滋轇轕二者皆失故其書頗能去短集長如辨馮相氏十二辰與二十八宿分見據九通八道之說而考其差法則折衷於徐圃臣辨職方輿地諸條知古今地名沿革而不失其處所則折衷於齊息園辨大司樂黃鍾圜鍾等誤凡律同隔八生聲之敘則折衷於李文貞而皆能補其所不及其刱解甚多大抵以周官解周官而無鑿空之弊

儀禮獨裁十九卷

國朝蔣載康撰載康既著周官心解謂三禮一貫復著此書其從孫戩穀謀梓之詘於資不果

周禮經疏備要六卷

國朝顧大治輯大治字元林諸生嘗受業於蔣載康是書分六

官爲六卷經則本靜培張氏節要注則多采蔣載康心解語刻於嘉慶九年蓋是時周官心解尚未刊行其服膺師說而冀有以衍師傳也惜書多脫略經文僅列節要尤爲淺陋周洩莊謂其尙未竟緒若有俟異日之參考而待後人之補苴者猶護辭也

周禮旁訓六卷

國朝孟一飛撰一飛字丹摩副貢生注皆采輯宋元明諸儒論說六官各自爲卷刊於道光丙戌其自序謂從席氏塾本加旁訓較便蒙讀周洩莊桐爲之序亦鄉塾課本也

周禮官屬便覽一卷

國朝郭鳳沼撰鳳沼字瀹門道光庚子舉人事蹟詳列傳是書排比官屬取便記誦并有意著作也

夏小正求是錄四卷

國朝姚燮撰燮有胡氏禹貢錐指勘補已著錄夏小正本大戴禮一篇隋書經籍志始於大戴禮外別出夏小正一卷屢經傳寫傳與本文混淆爲一宋傅崧卿始仿杜預編次左氏春秋之例列正文於前而列傳於下朱子作儀禮經傳通解始稱考定之本元金履祥續爲作注燮此編頗能補古人之遺所論俱有確據

春秋類

春秋妙旨

宋黄開撰開有周易圖說已著錄是書載浙江通志開又著有麟經總說亦載浙江通志俱佚

春秋合題著說三卷錢大昕補元史藝文志作一卷

元楊維楨撰維楨有禮經約已著錄是書收入

四庫提要案宋禮部貢舉令春秋義題聽於三傳解經處出題靖康元年敗止用正經出題紹興五年禮部議春秋正經詞語簡約比之五經爲略問目所在易於周徧往往州郡問目重複正多每程文鮮不相犯請仍聽於三傳解經處相兼出題元史選舉志所載延祐條例不言春秋出題之法以維楨是書考之蓋亦以經文易複敗爲合題明制春秋合題之法蓋沿元舊也維楨自序曰春秋正變無定例故闕合無定題筆削有微旨故會通有微意學者不知通活法以求義場屋中往往不得有司之意今以當合題凡若干各題著說使推其正變無常縱横各出以禦場屋之敵又曰學者因是以得活法則求經之微亦無不出此不止决科之計然其書究爲

科舉而作非通經者尚也考維楨所著春秋最多其本傳及千頃堂書目所載不及是書咸豐間葛玉書謀梓鐵厓全集搜羅至十三種亦不之及據提要注永樂大典本蓋從大典錄出坊間流傳甚稀矣補藝文志著是書入科舉類

春秋定是錄十二卷

元楊維楨撰黃虞稷千頃堂書目收之前有維楨自序云柳子曰春秋如日月不可贊也然則高自立論者皆誕也歐陽子曰春秋如日月然不爲盲者明而有物蔽之者亦不得見然則將以制盲而祛蔽則亦不能不假於詞也經不待傳而明者十七八因傳而蔽者十五六明日者祛其蔽而通其明則其如日月者杲杲矣予怪三家既有蔽也而諸子又於其蔽者析宗而植黨爭角是非不異訟牒使求經者必繇傳而

求傳者又必繇諸子是非紛紛莫適所從經之杲杲者晦矣世之君子旣晦於求經復於諸子求異其說是添訟於紛爭之中惡物蔽目而又自投以翳者也維楨自幼習春秋不敢進一新論以立名氏謹會諸儒之說而輒自去取之爲定是錄說協於經雖科舉小生之義在所不遺其不協者雖三家大儒之言亦黜也嘉定錢大昕竹汀氏補元史藝文志所載作十二卷注云或作春秋大意黄氏千頃堂書目有春秋大義錢氏補元志收維楨所撰春秋三書曰左氏君子議曰胡傳補正曰定是錄而獨不載春秋大義蓋以大義與大意同爲春秋定是錄之異名特所題各殊耳舊志春秋類二書别出均誤

左氏君子議　春秋胡傳補正

元楊維楨撰二書黄虞稷千頃堂書目皆載之而不著卷數錢竹汀補元史藝文志載二書於定是錄下透天關上彼書皆作十二卷此二書亦不言卷數則其佚已久矣

春秋透天關十二卷

元楊維楨撰見宏治府志經籍目及宋濂所撰維楨墓志皆無卷數嘉定錢大昕補元史藝文志有維楨春秋透天關十二卷黄虞稷千頃堂書目又有晏兼善春秋透天關十二卷若明文淵閣書目所載透天關一冊近時海甯別下齋蔣氏東湖叢記所言有殘元本春秋透天關存三四兩卷俱不著撰人未知其爲楊爲晏無由考正也

春秋傳三十卷

元俞漢撰漢字仲雲事蹟詳列傳是書載千頃堂書目今佚

春秋大義

元申屠性撰性字彥德至正辛巳甲申兩舉副榜官歙縣貴溪教諭事蹟詳列傳書佚

春秋手鏡

元陳大倫撰大倫字彥理事蹟詳列傳此書載宋濂所撰墓志及續宏簡錄宏治府志錢大昕補元史藝文志今未見

春秋新論

國朝余振撰振字克家歲貢生書見山陰平聖垣所作傳未見

春秋論

國朝張廉撰廉字通源歲貢生事蹟詳列傳前有趙思恭機序稱其文十年來於厥貉之後左楚右晉獨具手眼據此可得其大概矣

春秋簡融四卷

國朝胡序撰序字集三歲貢生事蹟詳列傳此書鐫於乾隆五十六年其自序云歲戊申詔令舉子通習五經輪流考試辛亥科試壬子鄉試俱用春秋而一時學者於此尤汲汲蓋亦操觚家餽貧糧非有意著述也其書以胡傳爲宗而參以
欽定傳說彙纂之說錄其要而刪其繁更取而融貫之故名簡融雖兔園冊子而大旨不乖

春秋三傳錄要

國朝樓卜瀍撰未見

春秋異文補箋

國朝樓觀撰觀字曉滄光緒乙酉拔貢生
朝考二等以教諭候銓卒於京師是書補仁和趙徵君坦春秋

異文箋所未盡者采集衆說斷以己意細書朱字於眉簡意欲以墨刻趙氏原書所補別以朱字也謀梓行世卒齎志以沒

孝經類

孝經刊誤

國朝陳祖範撰祖範有詩經辨異已著錄是書載乾隆府志不知何以與朱子書同名祖範博雅不應有此疑有訛其書已佚無從考訂

五經總義類

六經指南

宋黃開撰開有春秋妙旨已著錄是書朱竹垞經義考載之云佚

五經鈐鍵

元楊維楨撰維楨春秋合題著説諸書已著録是書載宏治府志錢竹汀補元史藝文志亦收之朱竹垞經義考云未見

六經箋注

明呂升撰升字升章山陰籍洪武庚午舉人官至大理寺少卿事蹟詳列傳書載萬歷府志今佚

五經類注

明傅儲撰儲字石天諸生事蹟詳列傳書佚

五經疑問

國朝魏夏撰夏字仲長事蹟詳列傳家貧苦志力學著此書及四書發微今俱未見

五經析義

國朝蔣其淶撰其淶字樂天諸生事蹟詳列傳書載乾隆府志今未見

五經異注

國朝章瑞麟撰瑞麟字素軒道光甲辰舉人事蹟詳列傳書未見

五經說

國朝楊如瑤撰如瑤字百藥貢生事蹟詳列傳書載道光府志今未見

羣經傳注地名今釋八卷圖一卷

國朝金樹棟撰樹棟字筠莊道光己亥舉人事蹟詳列傳是書以詮釋傳注爲主不錄經書全文但取傳注地名釋以今地計禹貢蔡傳一卷詩經朱傳三卷春秋左傳杜注四卷詳覈

確當頗便學者惟詩書舍毛鄭孔三家古義而獨取朱傳蔡傳則猶屬鄉僻之見也稿存其從孫金贍岵孝廉福昌家間有未竟處圖一卷已佚

四書類

論語發揮孟子發揮

宋黄開撰開所撰諸書已著錄是書萬歷府志載之作語孟發揮而朱竹垞經義考分作二書其書已佚無從是正矣

孟子辨志

宋黄開撰載浙江通志今佚

四書集箋

元胡一中撰一中有定正洪範已著錄是書載浙江通志萬歷府志今佚

四書一貫錄

元楊維楨撰維楨所撰諸書已著錄載宏治府志今未見

四書類編

明錢時撰時字中甫號惺復萬歷丁未進士官布政使左參議事蹟詳列傳書佚

四書木舌

明酈光祖撰光祖有禹貢注已著錄書載浙江通志萬歷府志今佚

四書簡切講義

明陳于朝撰于朝字孝立廩生事蹟詳列傳書載樓志今佚

二孟枝言二卷

國朝馮夢祖撰夢祖字蒼源諸生事蹟詳列傳書不載孟子本

文惟大書某章某節而小字夾注之宋先儒之說斷以已意大率與講章相似蓋一時風尚如此爲初學計也

四書硃燈一卷

國朝馮恬撰恬字引耆諸生夢祖曾孫事蹟詳列傳書未見

大中講義

國朝毛鈺撰鈺字孟涵康熙丙戌進士除蒲江縣知縣事蹟詳列傳是書與其所著論語章句當時通行於鄉塾今俱佚

論語章句

國朝毛鈺撰今佚

四書發微

國朝魏夏撰夏有五經疑問已著録是書佚

四子書解

國朝駱炎撰炎字則宣以明經就象山學博事蹟詳列傳生平研究程朱之學著此書行世今佚

四書融注

國朝黄國鳳撰國鳳字竹梧嘗肄業省垣爲朱文端公軾所器重又著有語孟問辨今俱未見

四書體行集

國朝周晉撰晉有周禮論已著録晉究心理學嘗著朱陸異同論續四勿箴繁是書命名之義似近於李二曲四書返身録其書未見無可考證

四書章句集注

國朝陳祖範撰祖範有孝經刊誤已著録書載乾隆府志今佚

大中條貫

國朝錢曰布撰曰布字玉紅雍正丙午舉人事蹟詳列傳書見
樓志人物志今佚

四書考辨
國朝蔣其泳撰其泳有五經析義已著錄書載乾隆府志今佚

孟子簡鈔
國朝石作硯撰作硯有禮記簡鈔已著錄與是書皆隨讀隨記
者今未見

鄉黨圖說
國朝蔣載康撰載康所撰諸書已著錄未梓燬於粤寇之亂

中庸童佩二卷
國朝郭鳳沼撰鳳沼有周禮官屬便覽已著錄是書名童佩者
爲訓蒙而設無甚發明今尚有傳本

大學講義集要二卷中庸講義集要五卷

國朝吳熙撰熙字澹庵曾襄樓西濱孝廉卜瀍纂修邑志是書原本大全略采宋儒講義附益之首尾皆有總旨總結中閒逐節詮釋訓蒙善本也

小學類

書學正韻

明楊恆撰恆字本初事蹟詳列傳書見宋濂鄭氏名瀌解今佚

經書字義

國朝黃國鳳撰國鳳有四書融注已著錄是書佚

韻學會考

國朝張時豐撰豐有尙書評已著錄書載乾隆府志今佚

詩經古韻

國朝陳祖範撰祖範所撰諸書已著錄是書載乾隆府志今佚

韻補辨正

國朝陳祖範撰佚

楚辭古韻一卷

國朝陳祖範撰祖範著韻書三種唯此尚存大抵掇拾廣韻頗似淺陋桐城張英稱其精於韻學未免溢辭抑其存者非其至者與

切音捷訣

國朝酈珩撰珩字伯行書梓於光緒年閒同里郭肇序謂珩著有摭古堂正音將出以問世先撮其大要成此書以母爲經以韻緯之又省音之近似者以類相從俾童蒙上口可誦洵

捷訣也而正音卒未刊行

諸暨縣志卷四十六

諸暨縣志卷四十七

經籍志

史部

正史類

史記注百二十卷

宋姚寬撰寬字令威徽猷閣待制舜明子以父任補官後復以薦至權尚書戶部員外郎事蹟詳列傳寬平生博學强記每語人曰古稱圖書豈可偏廢故是注辭所不盡系之以圖張淏寶慶會稽續志載之今佚

編年類

增節音注資治通鑑一百二十卷

宋陸唐老撰唐老事蹟詳附傳歸安陸氏藏有宋麻沙本題

作陸狀元集百家注資治通鑑詳節一百二十卷會稽陸唐老集注建安蔡文子校正每葉二十八行行二十三字小字雙行每行二十六字卷一看通鑑法卷二通鑑總例通鑑圖譜卷三至卷五通鑑舉要歷案舉要歷有八十卷此不全卷六至十二通鑑君臣事實分紀卷十五十六通鑑外紀卷十七至一百二十通鑑浙江通志云唐老諸暨人稱會稽者郡望也其總例稱學者未曉出處則於詞賦一場未敢引用蓋爲科舉作也

四庫收入存目類其書可知矣昭文張氏愛日精廬藏書志言海甯馬寒中思贊佳海甯之插花山家有道古樓插架多宋元精槧嘗過龍山查氏見有宋槧陸狀元通鑑百計購之不可得後查氏謀葬其親所卜壤則馬氏田也寒中大喜願效祊田之易凡十畝書券付之抱書疾歸若惟恐其中悔者不

論其書若何徒以宋槧之故傾產易之亦書癖也吳門汪閬
原藝芸書舍藏有元槧本汪氏之書多歸常熟瞿氏而鐵琴
銅劍樓書目不載是書則亦無從訪其存佚矣慈谿馮氏藏
本則汲古閣刻也

補正三史綱目

元楊維楨撰維楨所著經說俱已著錄書載萬歷府志今佚

太平綱目四十冊

元楊維楨撰是書見平湖陸淞史義拾遺序今佚

紀事本末類

平定東蘭紀事一卷

明陳性學撰性學字遷沖萬歷丁丑進士官至陝西左布政

使事蹟詳列傳性學嘗爲粵西少參誅東蘭土知州韋應龍

還河池侵地編爲此紀今未見

舞干遺化錄一卷

明陳性學撰性學奉命巡按宣大歷邊城諭虜禍福咸股栗羅拜去是編紀當時事實而作也楚南王有爲爲之序今未見

隨征紀略一卷

國朝陳之壯撰之壯字夢周乾隆丁未武進士事蹟詳列傳嘉慶初之壯從將軍明亮總兵富蘭察總統惠齡征教匪歷湖北四川陝西諸省親莅戎行著是書多實錄閒係以詩則武夫不知著書體例也

別史類

季漢書九十卷附辨異一卷

國朝章陶撰辨異一卷張廉撰陶事蹟詳列傳廉有春秋論已著錄是書前有浦江戴東珊殿泗序稱其本紫陽朱子正統在蜀之論正陳承祚三國志之誤而改訂之考明新安謝少連陞嘗著季漢書有葉向高李維貞序今案陶作與陞書不相襲考其義例實有足相跨越者陞書因陳氏之舊變易面目非有所刱造也顧其書自敘者一正論者五答問者二十凡例四十四陶書不贅一辭以作史事大非可強爲誇說也其義正一矣陞自作序謂獻帝可比周之赧王曹操可比秦之惠文昭烈可比春秋之魯引喻失義幾見春秋以正統予魯乎陶獨明春秋之義而不強爲比例其義正二矣陞書不分季漢斷限以孝獻本紀牽入於季漢之中有內傳有外傳陶祗作二本紀而漢臣漢魏臣魏晉臣吳臣諸傳確不可易

其義正三矣且別爲忠節孝義文林方技隱逸諸傳使孔融
王祥王粲管甯焦先諸人各有所附麗不相蒙混則又承祚
之所未及不獨陞書所不逮也其書凡昭烈後帝本紀二后
妃列傳一諸王列傳一董卓至曹操列傳八諸葛亮至鄧芝
楊戲列傳十六曹丕至奐曰魏主列傳三荀彧荀攸至滿寵
郭淮曰漢魏臣列傳二十一魏家人列傳一魏諸子列傳一
高堂隆至嵇康曰魏臣列傳四傅嘏王肅至鄧艾鍾會曰魏
晉臣列傳四吳主列傳四吳家人列傳一吳諸子列傳一吳
宗室列傳一吳臣列傳十五忠節孝義隱逸文林方技列女
四裔列傳各一第九十卷孫峻孫綝賈充列傳據廉辨異題
曰外臣廉評云外臣者何迸諸四裔之外不與同中國也自
古作史無此目此書本大學而特刱之今本書無外臣二字

豈既定而復去耶辨異摘陶書與宋蕭常元郝經續後漢書謝氏季漢書異者逐條評注參以己意如此書昭烈本紀中云昭烈憂漢將亡於荆州劉表座上有拊髀之歎則云帝興復之志不遂即取西州伐東吴亦極意左袒夫蜀之得爲正統先儒早有論定曲意回護未免畫蛇添足然陶之辨晰至當戴序實非阿私廉於蕭郝謝三家失於斷限處亦頗多糾正

雜史類

戰國策補注三十三卷

宋姚宏校宏字伯聲一字令聲徽猷閣待制舜明子官江山令事蹟詳列傳

四庫提要云舊本題高誘注今考其書實姚宏校本也文獻通

考引崇文總目曰戰國策篇卷亡闕第二至第十第三十一至第三十三闕又有後漢高誘注本二十卷今闕第一第五第十一至二十止存八卷曾鞏校定序曰此有高誘注者二十一篇或曰三十二篇崇文總目存者八篇今存者十篇此爲毛晉汲古閣影宋鈔本雖三十三卷皆題曰高誘注而有高誘注者僅二卷至四卷六卷至十卷與崇文總目八篇數合又最末三十二三十三兩卷合前八篇與曾鞏序十篇數合而其餘二十三卷則但有考異而無注其有注者多冠以續字其偶遺續字者如趙策一郄疵注䧿陽注皆引唐林寶元和姓纂趙策二甌越注引魏孔衍春秋後語魏策三芒卯注引淮南子注衍與寶在誘後而淮南子注即誘所自作其非誘注可無庸置辨蓋鞏校書之時官本所少二十三篇誘

書適有其十惟闕第五第三十一誘書所闕則官書悉有之亦惟闕第五第三十一意必以誘書足官書而又於他書內摭二卷補之此官書誘書合爲一本之由然鞏不言校誘注則所取惟正文也逍姚宏重校之時乃併所存誘注入之故其自序稱不題校人併題續注者皆余所益知爲先載誘注故以續爲別也且凡有誘注復加校正者並於夾行之中又爲夾行與無注之卷不同則知校正之附注已與正文並列矣卷端曾鞏李格王覺孫樸諸序跋皆前列標題而宏序獨空一行列於末前無標題序中所言體例又一一與書合其爲宏校本無疑題高誘名者殆傳寫所增冀以贗古書耳書中校正稱曾者曾鞏本也稱錢者錢藻本也稱劉者劉敞本也稱集者集賢院本也無姓名者卽宏序所謂不題校人爲

宏所加入者也點勘頗爲精密吳師道作戰國策鮑注補正亦稱爲善本是元時猶知注出於宏不知毛氏宋本何以全題高誘考周密癸辛雜識稱賈似道嘗刊是書豈其門客廖瑩中等一時誤題毛氏適從其本影鈔與近時揚州所刊卽從此本錄出而仍題誘名殊爲沿誤今於原有注之卷題高誘注姚宏校正續注原注已佚之卷則維題姚宏校正續注而不題誘名庶幾各從其眞云考繡谷亭書錄載有戰國策姚校宋槧二本蒙叟跋云天啟中以錢二十千得之梁谿安氏後又得梁谿高氏善本安本遂退而居乙昭文張氏有陸敕先鈔校本卽安本也德州雅雨堂盧氏據以付刊反失姚本之眞往往竄入鮑彪所改及加字并塗抹者未知陸盧誰爲之也吳門黃蕘圃主事丕烈得梁谿高氏本於鮑淥飲家

屬顧千里廣圻與盧刻對校爲之重刻共三十三卷每半葉十一行每行二十二字其注之所校又雙行分系於注下又據至正乙巳吳師道校本著札記三卷附於後書成千里代蕘圃撰序曰鮑彪之率意竄改謬妄固不待言盧刻援而入姚本之中是謂厚誣古人矣金華吳正傳氏重校此書其自序曰事莫大於存古學莫大於闕疑知言也哉今命工纖悉影橅宋槧而重刊焉并用家藏元槧吳本校勘爲之札記凡三卷詳列異同推原盧本致誤之由訂其失兼存吳氏重校語之涉於字句者亦下己意以益姚氏之所未備大旨專主師法於闕疑存古不欲苟取文從字順願貽諸好學深思之士吳氏校每云一本謂其所見浙本建本括蒼本也今皆不可復得故悉載之宋槧更有所謂梁谿安氏本今未見見其

影鈔者在千里之從兄抱沖家其云經前輩勘對疑誤采正傳補注標舉行間惜乎不并存也非一刻小小有異然皆較高本爲遜故不復論顧千里安本國策跋曰安氏本向有小讀書堆影鈔本今與眞本皆不知所歸此則有堂吳子先世之遺亦從安本影鈔行款筆迹幾乎無二每冊有錢楚殷圖記與小讀書堆本少異楚殷祕籍甚多何義門手校題跋每言從之借來距今百年流轉就稀想乾隆間入黃川者或非一種而予之寓目則止此而已有堂其善保之云案抱沖所藏未知即此本否也千里又自爲後序曰戰國策傳於世者梁谿高氏本爲最古矣然就中舛誤不可讀者往往有焉考劉向敘錄云皆定以殺青書可繕寫是向書初非不可讀者也高誘即以向所定者著爲注下迄唐世其書具存故李善司馬貞等徵引依據絕無不可讀之云逮曾南豐編校時始云疑其不可知者而同時題記類稱爲舛誤蓋自誘注僅存十卷而宋時遂無善本矣伯聲續校總四百八十餘條其所

是正亦云多矣但其所萃諸本既皆祖南豐又旁采他書復每簡略未爲定本厥後吳師道駁正鮑注發疑正讀殊有出於伯聲外者矣今蕘圃之札記雖主於據姚本訂今本之失而取吳校以益姚校之未備所下己意又足以益二家之未備也凡於不可讀者已稍稍通之矣後世欲讀戰國策舍此本其何由哉案黄氏影刻本成於嘉慶癸亥前有錢竹汀大昕序舉伯聲所疑塋惡及韓朋二條俱爲辨正目錄下載劉向序錄書末載曾鞏序及李文叔王覺孫元忠三跋又孫元忠記劉原父語一條而以紹興丙寅姚伯聲自題終焉其札記三卷前有黄蕘圃自序實顧千里代撰也故其文編入思適齋集千里自撰後序亦見集中而是書末之載後載至順癸酉吳師道跋及姚寬所書姚宏題記考昭文張氏愛日精盧藏書志有吳師道

國策校注十卷爲元至正十五年刊本前有泰定二年師道自序至正十五年陳祖仁序附序附錄劉向序錄曾鞏鮑彪二序後有至順四年師道後序附錄姚宏姚寬耿延禧題記及李文叔王覺孫元忠跋語四五卷後有至正乙已前藍山書院山長劉鏞重校刊一條師道原書載姚寬題記大小總九百餘字文皆與姚宏同惟小字疏列遂文加詳耳末題上章執徐仲冬朔日會稽姚寬撰考其年月則在宏後師道謂姚氏兄弟皆用意此書寬所注者今未之見不知視宏又何如也黄蕘圃札記力駁吳説謂二文大同小異此即伯聲所撰而令威曾書之耳當是有人見而寫附也假使令威自有註不容題記中不及伯聲校一字未詳二稿孰爲先後要非令威撰故題姚寬書而不曰寬撰吳氏遽改題姚寬撰是其誤寬字令威見列傳得此書與提要所論互爲校閲而伯聲眞本昭然若揭存古闕疑洵不誣也黄氏既影刻郎編入士禮居叢書中蕘圃旋殁而梁谿高氏宋槧底本遂歸長洲汪閬原家今無從訪其存佚矣

奏議類

章奏三卷

宋姚舜明撰舜明字廷輝紹聖丁丑進士官至徽猷閣待制事蹟詳列傳是書載萬歷府志今佚

西臺疏草

明陳性學撰性學有平定東蘭紀事諸書已著録是書爲其官御史所撰其勸上修德省躬去五蠹崇二寶一疏彈督臣周某按臣陳某希旨一疏尤爲時傳誦

西臺疏草

國朝陳可畏撰可畏字伯聞寄籍大興順治壬辰進士官至巡城御史事蹟詳列傳書載乾隆府志今未見

傳記類

百相傳

宋黄閎撰閎官軍器監事蹟詳列傳馮至允都名教録云閎

性嗜學軍旅倥傯手不釋卷以秦檜誤國著此書以寓志今佚

富春人物志

元楊維楨撰維楨有補正三史綱目太平綱目已著録此書王沂續文獻通考收之原書未見

歸全集

明駱象賢撰象賢字則民事蹟詳列傳是集敘述駱姓先賢嘉言懿行以垂教子孫所謂數典不忘其祖也

彤管遺編二十卷

明酈琥撰琥字元厓官績谿縣主簿事蹟詳列傳琥采集古今女子之有德容文詞者共四百八人而自爲之序其略曰余博閱羣書編次成帙分卷二十學行並茂置諸首選文傒於

行取次列後學富行穖續爲一編而以犨妾文妓終焉鄞縣

天一閣范氏藏有明槧本

義烏人物志二卷

明金江撰江字九殷事蹟詳列傳江由義烏遷邑靈泉鄉是書未遷以前所著也乾隆府志載之今錢唐丁氏善本書室有范氏天一閣舊藏明槧本題曰後學金江著金沙校沙當是江昆弟行今無可考前有正議大夫資治尹禮部右侍郎四明黃宗明序稱江博考賢達傳志行狀碑銘圖譜訂疑𤼵實分忠義孝友政事文章爲上下卷萃義烏人物凡四十七人蓋仿宋景濂浦陽人物記而作嘉靖十四年冬付刻江自爲引并凡例

續敬鄉錄

明金江撰亦載乾隆府志今未見其稱續者以元吳師道有敬鄉錄也

續保越錄一卷

國朝余縉撰縉字浣公順治壬辰進士官至河南道監察御史事蹟詳列傳是書前有縉自序云保越錄者紀唐以來節度觀察刺史爲越民禦寇靖疆之實蹟也續保越錄者紀前中憲大夫知紹興府事今浙江提刑按察使司副使分巡甯紹台道三韓許公甲寅年捍孤城殲孽逆討平諸山寇之實蹟也公名宏勳起家郎署出守會稽下車甫數月適逢閩變婺括之交奸民蠭起愚民卒爲煽惑長驅犯越公從容籌禦殪諸城下其有竄伏屬邑者卒師攻討悉殄根株旬日閒遂致清甯嘗身詣賊巢諭以禍福既感悟已而有脅誘者謀將中

變公酣寢逵旦賊愕眙不敢動或從閒道逸去以先設伏邏獲無得脱事乃定讀其序則書中所記可知其厓略矣惟保越録紀元至正十九年明師攻紹興張士誠將呂珍保守越城事其書不著撰人乾隆府志謂元海州學正徐勉之撰詳見王冕傳注縉所言殊失考

幽芳集一卷

國朝章陶撰陶有季漢書已著録是書前有石作硯序謂陶於古今節義之事嗜同性命嘗取邑中貞孝事訂之得若干人掇一傳名曰幽芳集雖有勸無懲而寓懲於勸之中有功於師氏之教者也鄞縣童槐序其季漢書亦謂幽芳集寥寥數章高處直逼史遷雖朋儕推挹之辭未免過當而謂其有功於師氏之教則非阿私也

續幽芳集一卷

國朝趙敬勝撰敬勝原名晉生字少珊諸生因章陶有幽芳集故續著此書述咸豐辛酉以後婦女遇寇不屈事

載記類

諸暨賢達傳八卷

國朝郭世勳撰世勳字麟圖諸生事蹟詳列傳是書前有會稽胡浚長洲葉士寬仙源崔龍雲諸人序今覈其書大抵摭拾近縣各家之譜於四部俱無所質證如郭性存爲元至順庚午進士而繫之於宋且謂其子同元初受辟爲本學訓導於同族中尙顛倒其時代可謂數典忘祖矣其他錯誤不勝枚舉每傳後皆有贊非駢非散既無體例又不雅馴多勦俗說難言獻徵葉序稱其有常璩習鑿齒之志則過諛矣胡序不

收入文集即非贋託亦一時應酬之作也故其文無足觀

史鈔類

橫谿史鈔

元鄭賀撰賀字慶父事蹟詳列傳賀博綜羣籍十七史名臣皆默識其家世爵里及其後人之賢否覆視無一差者書載楊維楨西湖竹枝詞小傳今未見

後漢書晉書隋書天文志節錄四卷

國朝吳樹滋撰樹滋字聖範諸生嘗輯二十二史天文志成書又補注管窺輯要五總龜諸書皆蠅頭細書方待付梓中壽而歿其手錄天文諸書爲同邑蔡欣盛大令攜入西湖詁經精舍不戒於火今存者惟此四卷皆係手訂稿本弆家塾計後漢司馬彪天文志劉昭注二卷首新莽地節三年星孛於

張終桓帝延熹七年隕石後附郡國志州郡躔次及補注星經晉志隋志各自爲一卷祇錄志文而少考徵史志中節本也

地理類

諸暨志十二卷圖四卷

明黄鄰撰鄰字元輔元季晦迹城南因號南郭居士事蹟詳列傳錢大昕補元史藝文志載是書刻於至正丁酉鄰自爲序胡三省通鑑注所引諸暨縣志與鄰序之所謂參以舊志者久佚無存後來修志者皆以此書爲嚆矢鄰洪武初以徵起故書雖刻於元而題以明

諸暨縣志

明駱象賢撰象賢有歸全集已著錄是書成於景泰癸酉蕭

山魏尚書驥序其首簡有自序云遵永樂間部使者博采郡志成式今原本已佚其五世孫問禮修志時尚存彼書中稱舊志者即是也

諸暨正德縣志

明知縣彭瑩撰瑩字廷璧大庾人書載浙江通志及紹興府志今佚

諸暨嘉靖縣志

明知縣朱廷立修廷立字子禮通山人其書成於嘉靖甲申見通志其自序謂因黃駱二志刪其可闕者錄其不可闕者則吾之增者半而彼之存者半更取所存者而修飾之蓋積歲而論定今書已佚隆慶駱志中稱朱氏者即此本也

諸暨縣志八卷

明知縣徐履祥撰履祥字子旋長洲人其書纂於嘉靖乙巳見浙江通志及紹興府志與修者諸生駱騏黃璽酈琥郭從蒙壽成學黃璧張思德應思敬姚德中也今佚隆慶駱志引稱徐氏

諸暨隆慶志二十卷

明駱問禮撰問禮事蹟詳列傳書成於隆慶六年沈資酈文相徐有悅朱見弼爲參閱凡記十曰沿革曰山記曰山記外篇（皆寺觀）曰水記曰水記雜篇（皆隄堰閘之）曰食貨（分上下兩卷）曰建置曰風俗曰五行表曰疆理曰師帥曰選舉曰恩例曰縉紳列傳四不立子目末一卷爲質實篇於風俗故實頗有發明其凡例有云曾讀胡相泉滁志用資治通鑑例爲編年甚慕之而力不及也少倣歷代史例分記表傳自知所擬非倫然邑

之有志猶國之有史也故不自嫌其不可也前有錢唐周詩序餘姚孫鑛稱其精核有法度

諸暨縣志

國初知縣張士琳撰士琳奉天人其書蓋在章志以前考店口陳氏譜云陳志甯及弟嵩之入張志義行傳云母壽辰焚債六萬緡樓志義行傳有陳志甯而無此條足見章志前確有張志殆成書而未及刊行者

諸暨縣志十二卷

國朝章平事楊浣修浙江通志云康熙壬子知縣蔡杓延邑人章平事楊浣修其書卷一志疆域城池卷二志署廨山川注原寺觀附卷三志古蹟物產風俗災祥卷四志田賦卷五志水利學校祠祀武備卷六職官表卷七卷八選舉表卷九卷十卷

十一志人物卷十二序記其凡例云邑之有志自駱公纘亭以前已四修纘亭集翠爲裘無容決擇間有一二删去耳今之續修於舊志八十年間增所應增而一無所損庶是非不繆於先賢也蓋自始至終成書僅五閱月故表題雖改駱志之舊其實無所更正常熟陳氏稽瑞樓有諸暨縣志四册十二卷即此本也

諸暨縣志四十四卷

國朝樓卜瀍撰卜瀍所撰經說俱已著録是書凡三十餘萬言分類二十有三始建置終志餘都四十四卷卜瀍自撰後序謂較舊志所載文省事增頗以自負惟期月成書蒐輯既多謭陋考訂又未詳審疏陋濫載皆所未免如職官不列署任例貢濫入選舉山川不嚴界限爲阮佃夫而特傳恩倖以謝

太后而妄援勳戚引姚長子而濫入忠義尤其失之顯者當時若章陶柴桑石作彥燼餘已有違言趙槩平甫糾其謬誤至百餘條胡序集三傳墨林廣生皆有所駁正然多索瘢吹毛之論於志書體裁仍皆未合平心而論卜瀍此書誠多譌誤較之章志則已爲詳贍矣卜瀍後序謂胡三省注通鑑所引諸暨縣志不辨爲誰氏之書博考海内藏書家目録卒未得其端倪使得其書則唐以前之人物不至闕如矣此則文獻之徵而邑士之當留意也是志成於乾隆三十五年剞劂之費則周殿忠進思吳熙袞五宣涵觀瀾毛棣鼎煥袁洵晉揚孫襄夏佐六家任之司校訂者爲程位宅三酈欣向榮書畫摹刻則石粱豎庵也故棄刻特爲精緻云

諸暨縣志糾謬一帙

國朝趙檠撰檠字平甫歲貢生嘉慶丙辰
欽賜翰林院檢討事蹟詳列傳檠姻親歲貢生胡序集三著有樓志糾謬檠廣其義指摘至百餘條臨歿屬後人於重修縣志時送局勘正今核其稿可據以糾樓志者祇數條耳餘多幾微之失於其體例未善徵引未當處殊少詮正胡氏稿未見

諸暨縣志補訂二卷

國朝傅墨林撰墨林字廣生諸生稿分上下二卷上卷始山川終列傳下卷始列女終藝文末附近人詩詞每條逐事增訂用心頗勤謂職官宜載署任邑乘安有恩倖尤合志例但性喜吟詠采取過寬所列人物大半鄉僻詩人所補詩詞亦多無關事理之作於著述體例仍未盡合稿存其從姪傳拔貢振海家

政和縣志

明郭斯垕撰斯垕字作載事蹟詳列傳洪武時以名行補政和縣典史故著有此書載乾隆府志今佚

太倉志

明金江撰江有義烏人物志續敬鄉錄已著錄志載乾隆府志今未見

高唐志

明金江撰亦載乾隆府志今未見

雲和縣志

國朝葉敬撰敬原名元紹字去病道光乙酉拔貢生官雲和縣學教諭事蹟詳列傳是志爲敬官教諭時所修卷首未列名示謙也論者稱其簡覈有法度

右地理類郡縣之屬

防邊籌略

明陳性學撰性學有西臺疏草已著錄是書爲性學備兵榆林時所記未見

楚北撫苗議

明陳性學撰是書爲性學撫鎮筸會同諸苗時所記未見

邊河借箸

國朝馮慥撰慥字南堂乾隆戊午舉人事蹟詳列傳慥丁丑上公車主吉司農著此書意欲放河東行出塞藉以界畫中外上之於吉吉不敢聞今未見

右地理類邊防之屬

水經圖說

國朝周杲撰杲有尙書釋義已著錄此書亦未梓而燬

四明它山水圖經十二卷

國朝姚燮撰燮有夏小正求是禹貢錐指勘補已著錄鄞故有它山水其始大谿與江通流鹹潮衝接耕者弗利唐鄞令王元暐始築堰以捍江潮陸南金開廣之於是谿流灌注城邑而鄞西七鄉之田皆蒙其利歲久廢壞宋嘉定閒鄞令魏峴言於府請重修且董興作之役著四明它山水利備覽二卷然未有圖經也燮爲此書以補其闕云燮復著有十洲記未見

右地理類河渠之屬

苎蘿志八卷

明知縣張夬路邁輯夬字撤藩丹陽人崇禎辛未進士邁字

子就宜與人崇禎甲戌進士前後爲邑令以苧蘿爲西子故里輯古人題詠西子並時賢詩詞作爲此志以明太祖題西子五古冠卷首次隴西關永傑陽羨王期昇昭陽李清三序末爲邁跋語皆盛推沼吴之功第一卷姓氏目錄第二卷繪一西子像一苧蘿山圖第三卷古集采自唐迄明諸名人題詠第四第五第六今集皆當時歌詩記跋之作第七卷詞八闋行二首歌三首擬西子范大夫東施鄭旦越王夫人贈答解嘲釋愁諸作十六首傳一首又俚言二集則夫與邁所作詩詞也而邁跋語別爲一卷爲第八卷案苧蘿山圖可繪也繪西子則唐突矣古集自多名作今集瑜瑕互見擬書爲句容進士李清及餘姚恩貢錢人楷所作文不雅馴典更無據傳爲邑諸生蔣一震作搜輯西子事蹟頗廣傳後辨蕭山苧

蘿山之非辨西子沈而不浮皆文人積習路張二集亦無足采

苧蘿志

明張夜光撰夜光字元珠號炎沚崇禎癸酉舉人官鳳陽府推官事蹟詳列傳案夜光於路張苧蘿志實與編輯之役而乾隆府志二書並列豈夜光有別撰本行世與今未見

五泄苧蘿逸事

明周文煒撰文煒周櫟園亮工父也此書爲其官諸暨縣丞時所撰乾隆府志載之注云見芻詢錄

延慶寺志略一卷

釋履平輯牧雲道者序案兩浙金石志所稱延慶寺在甬江而志略一卷乾隆府志收之則諸暨開化鄉之延慶寺也寺

始於唐吳文簡先生又有千歲禪師遺蹟故稱千歲山吳氏子孫居暨婺兩派至今世守不替

右地理類山川古蹟之屬

暨陽雜俎

宋黃開撰開有周易圖說諸書已著錄書載萬歷府志今佚

右地理類雜記之屬

乾道奉使錄一卷

宋姚憲撰憲字令則徽猷閣待制舜明子以父任補官事蹟詳列傳考宋陳振孫直齋書錄解題題乾道奉使錄一卷注云參政諸暨姚憲令則撰乾道壬辰使金日記振孫以宋人記宋事此即令則居諸暨不居嵊縣之確證明焦竑國史經籍志題作乾道奉行錄今未見

右地理類遊記之屬

政書類

明良政要

宋黄聞撰聞爲崇安令開弟紹興庚辰進士官至祕書丞事蹟詳列傳聞爲政持大義著此書今佚

榷蕪輯略

明錢時撰時事蹟詳列傳嘗榷關蕪湖故著是書今佚

經野規略三卷附政略一卷

明知縣劉光復撰光復字貞一江南青陽縣人萬歷間知諸暨縣諸暨湖田之築圩埂自明嘉靖初年知縣朱廷立兩匡氏始後知縣林富春議賣官泌湖以築城而一邑遂無容水之區光復莅任規畫水利不得已而爲自治之計導流濬渠

修閘培埂因時制宜著此書以行世刻於萬歷三十九年前有光復自序及邑人陳性學序

國朝雍正辛亥知縣曲阜崔龍雲續刊并爲之序及光復四世孫鍾秀序旋燬嘉慶六年知縣渭南張德標十八年知縣洪洞劉肇紳均再梓燬於粵寇之難同治五年知縣金匱華學烈重刊光緒十八年知縣靈川周學基修補分上卷正卷下卷附浣水源流圖自來宰諸暨者皆奉此書爲圭臬其實拘守成法日事培埂萬山之水建瓴而下磧礆之障激潮逆行夾以兩隄與水爭勢庸有濟乎相時變通在乎其人說詳水利志政略一卷則鍾秀所輯邑諸生傅憕增訂而崔龍雲爲之付刊以附於規略之後光復子孫居諸暨者今皆入籍焉光復又著有暨中言覺人編小學易簡言諸書今俱佚

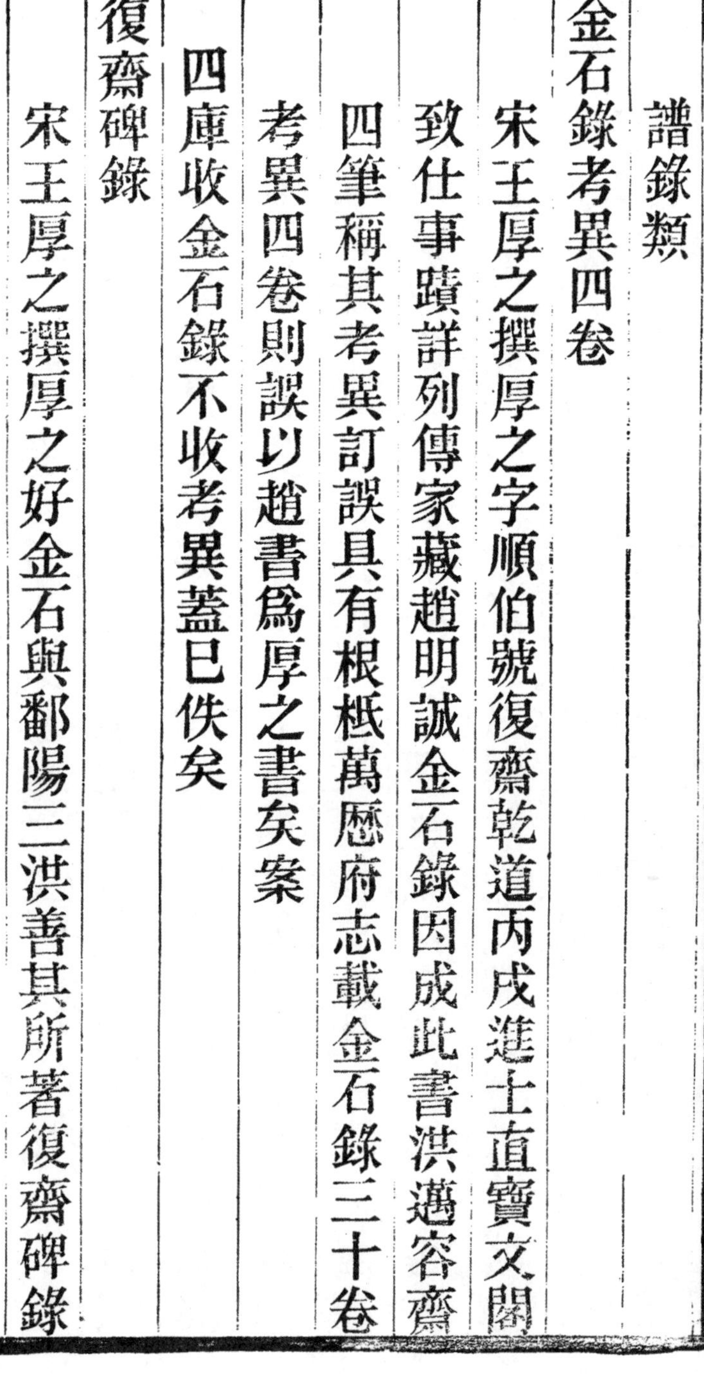

譜錄類

金石錄考異四卷

宋王厚之撰厚之字順伯號復齋乾道丙戌進士直寶文閣致仕事蹟詳列傳家藏趙明誠金石錄因成此書洪邁容齋四筆稱其考異訂誤具有根柢萬歷府志載金石錄三十卷考異四卷則誤以趙書爲厚之書矣案

四庫收金石錄不收考異蓋巳佚矣

復齋碑錄

宋王厚之撰厚之好金石與鄱陽三洪善其所著復齋碑錄最爲容齋所稱賞見容齋隨筆陳思寶刻叢編引之全謝山祖望答臨川雜問帖云順伯尤長碑碣之學今傳於世者有復齋碑目宋人言金石之學者歐劉趙洪四家而外首推順

伯則似當日尚有傳本今無從購求矣案謝山集碑目當是碑錄之訛

鐘鼎彝器款識一冊

宋王厚之輯冊中所拓鐘七鼎二十一飲二爵六鬲四卣九敦四簠一甗二壺二刀一盤二鐙一尺一漢器一凡五十九種內畢良史箋識十五器皆秦熺之物朱敦儒一器箋識數行似亦熺筆此外周師旦鼎楚公鐘虢姜鼎爲一德格天閣中物其餘乃劉炎張詔洪邃諸人所藏厚之拓而釋之儀徵阮文達元爲梓以行世漢陽葉氏重鋟案秦氏敗後冊歸厚之每款鈐以復齋珍翫厚之私印及藏弆之所後轉入趙孟頫家子昂復鈐以大雅章卷首題鐘鼎款識四篆當時錢德平柯敬仲王叔明陳維寅均有賞鑒圖記明隆慶間項子京獲之鈐有天籟閣宮保世家子京私印諸章曾侯鐘後所書

辯尚功考證則趙松雪手錄也後歸倦圃曹氏朱竹垞爲之題跋後竹垞得此冊藏之十年以贈馬寒中復題跋於後朱氏馬氏皆鈐有印章後輾轉歸於儀徵阮文達家文達乃集錢獻之吳侃叔朱椒堂查初白翁覃谿諸說諸人所未及者則文達自爲之說每器各有考證其每器首題識器下釋文皆厚之手書後人所識文達皆作隸書以別之周楚公鐘後有宋紹興四年東州榮芑記次新手書也畢艮史靑箋冊有宋書林印又有丹邱生印印旁有敬仲手書柯氏珍翫四小字據此則是冊曾藏丹邱生家當文達未獲此冊時曾爲翁蘇齋所得故靑箋冊鈐有翁方綱印號姜鼎後有皇恐百拜上呈六字左旁書曾大中名當是當時獻媚秦氏之筆也冊後竹垞跋外有查愼行沈元滄胡開泰查嗣瑮金司農汪森

錢泳龔翔麟翁嵩年錢大昕翁方綱諸人題識及文達跋又有何煌陸秉鉄徐夔顧翔陳震蔣杲陳偉楊嗣震楊持正楊守知施謙張燕昌黃易翁樹培翁樹崐李東琪同觀題名又有文達手書徐聯奎史森林蘇門庾道源周瓚任子睿孫坫臧鏞堂焦循許珩何元錫王聘珍張鑑陳壽祺顧廣圻顧廷綸陳鴻壽李銳程邦憲王文潮賈啟彪林述曾仲愍曾朱爲弼林報曾方廷瑚同觀阮亨阮長生阮凱阮福阮蔭曾侍觀題名曾侯鐘下有公輔印章後有羲叟石氏家賞二印似此冊又爲宋越郡石氏舊藏錢竹汀跋謂方城范氏古鐘鼎以下兩葉恐是松雪翁增入其雷鐘已見前幅復齋不應複出也此論甚確又卷首有項墨林父祕笈之印章卷中有墨林主人墨林祕翫項子京家珍藏檇李曹溶祕翫天籟閣中文

孫項聖謨印孔彰珍翫項氏孔彰小方壺草谿審定蘇齋墨緣項叔子程瑤田鑒定翁嵩年印阮亨之印蘿軒審定邊不騫印蕭飴圖書畢瀧審定各家圖章及文達所鈐各印范氏雷鐘後又有墨林手書明隆慶壬申歲二月朔墨林山人項元汴得此本於吳門徐氏藏於天籟閣眞賞一行三十一字道光間文達既摹刻擕原冊至都門漢陽葉志詵借觀數月癸卯春燬於火所摹刻初印本亦鮮有存者文達惋惜特甚戊申夏四月志詵就養廣東道出揚州文達乃以家藏原刻初印付志詵重鋟志詵悉心校摹其精緻過於原刻今葉氏摹板亦燬初印本世間罕見矣

諸史決疑

宋黃開撰開所撰諸書已著錄書載萬歷府志今佚

諸史辨疑

宋陳壽撰壽有周易附傳已著錄書載南遷事實記今佚

史評八十卷

元俞漢撰漢有春秋傳已著錄浙江通志稱其精於史學此書宏治府志載之錢竹汀補元史藝文志亦收此書今未見

史義拾遺二卷

元楊維楨撰維楨所著諸書已著錄

四庫提要云據孫作維楨傳其生平論史之書有太平綱目四十冊史鉞二百卷今俱亡佚此書傳中不載大抵雜舉史事自爲論斷上自夏商下迄宋代中有作補辭者如子思薦苟變書齊威王責言是也有作擬辭者如孫臏祭龐涓文梁惠王送衞鞅還秦文是也有作設辭者如毛遂上平原君書唐

太宗責長孫無忌是也大都借題遊戲無關事實同時王禕集中亦有此體蓋一時習尚如斯非文章之正格以小品視之可矣每篇下有跋語蓋其門人所作自稱其名曰木不著其姓亦不知爲何許人也邑人葛玉書跋此書云明宏治壬戌刻都爲一冊不分卷數時代嘉靖中皇甫汸重刻次其時代析爲二卷其中小注多淺學所增致爲謬妄如朱虛侯論以張辟疆爲留侯孫周亞夫論以勃爲亞夫弟原注漢書弟亞夫復爲侯蒙上兄勝之爲辭也梁玉繩史記志疑舉張辟疆一條以爲未知所據蓋不審爲後人竄入也篇末跋語稱木者桐廬人原注見玉笥集序卽所謂絶句人易到吾門章木能者也原注見復古詩集二今所行者又有邑人陳于京校刊本一仍皇甫氏之舊案鄞縣范氏天一閣所藏明槧本則宏治中所刻也爲譚德周所校前有平

湖陸淞序言會稽楊鐵厓先生作史義拾遺乃先君子程鄉令手錄余同年進士譚君德周來尹秀水出此參訂俾余序之今檢范氏藏本分上下二卷與黃黎洲天一閣書目卷數相符則宏治刻本未嘗都爲一冊不分卷數也葛跋謂嘉靖中皇甫汸重刻始析爲二卷不知其何所據而云然錢唐丁氏善本書室所藏明槧則皇甫氏所刻本也瞿氏鐵琴銅劒樓藏有明槧本亦是嘉靖所刻有皇甫汸後跋皆二卷惟朝邑劉氏青照樓有史義拾遺一冊不著卷數乃隨手摭鈔之書非精本也葛玉書所據或即此書而要非宏治原槧也核是集所錄如圻城老父射敗將書上𡽪𡽪宰相書皆有爲而作爲東維子漫稿所不載

歷代史鉞二百卷

元楊維楨撰書久佚明陸淞史義拾遺序所稱名與萬歷府志同

四庫提要史義拾遺條引孫作維楨傳無歷代字淩稚隆史漢評林引用書目亦同汲古閣祕本書目有元人手鈔本祗一冊蓋殘書也題楊鐵厓史鉞一本亦無歷代二字以元人鈔元書當以此爲正今姑從萬歷府志著錄而爲之考正也

史記評衡

國朝張建範撰建範有周易補疏已著録書載乾隆府志今佚

兩漢辨疑

國朝張時豐撰時豐有尚書評已著錄書載乾隆府志今佚

史記評選

國朝章陶撰陶有幽芳集已著錄書載乾隆府志今佚

列代史論一卷

國朝張廉撰廉有季漢書辨異已著錄此書論漢宋明學派朋黨皆於士習人心有關繫論陽明之學尤爲持平近時傳書也

左史合評

國朝蔣載康撰載康所著經說俱已著錄是書未梓而燬士林惜之

三史辨疑

國朝楊如瑶撰如瑶有五經說已著錄書載乾隆府志今佚

漢書日札四卷

國朝姚燮撰燮有宅山水圖經已著錄此書摘錄漢事而附以考證札記中佳本也

譜牒類

孝義黃氏譜十六卷

宋黃聞撰聞有明良政要已著錄此譜纂於光宗年間傳後各爲論贊稱家史氏載浙江通志今經屢修非當日之舊矣

孝義黃氏族譜

明黃周撰周字思文聞裔孫此譜亦載浙江通志首有宋濂序通志並載其文

孝感里志十二卷是書名爲志實則張氏家譜也故列黃氏譜後

國朝張廉撰廉有列代史論已著錄唐孝子張萬和廬墓於大部鄉者二十年其子孝祥孫懔復各廬墓當事聞其事於朝旌里曰孝感其後雲礽繁衍散處四方廉作是書以述祖德敘宗支也前列題廬墓詩文次追溯孝子所自出曰吳剡遺

徽次忠節次名臣次仕宦次孝友次儒林次文苑次卓行次義行次貨殖次仙釋次列女皆孝子子孫之可紀者次譜序次里居最後則詳其分派系圖其用心可謂勤矣惟倣史志列傳體爲一家言或鄰於僭其所錄碑傳亦不無贋作大抵取張氏各村之譜彙集成書於四部別無所質證傳墨林諸暨縣志補訂謂據志所載張孝子萬和傳天寶五載丙戌孝稱以其父與弟孝行上於朝是孝祥廬墓在丙戌前無疑矣志云孝祥廬墓二十年卽以丙戌起逆數至開元十五年丁卯始爲孝祥廬墓之始年卽爲萬和之卒年志稱萬和生於高宗顯慶二年丁巳至丙戌年已七十一孝祥爲萬和三子倘有弟孝禮孝章孝伯度其年當近二十再廬墓二十年則已四十許矣系圖稱孝祥享年四十二歲則其卒年亦在天

寳丙戌丁亥之閒志又稱孝祥子憬廣德閒養親者二年親
歿廬墓者十九年廣德爲代宗年號祗有癸卯甲辰二年
若憬廬父墓則孝祥宜卒於此二年中由甲辰逆數至開元
丁卯計三十八年是時孝祥祗四五歲必無廬墓之事憬當
是廬其母賈氏之墓賈氏爲孝祥繼妻或後孝祥十餘年而
卒憬因得於廣德閒廬其墓系圖言憬父歿廬墓者非也案
傳說甚辨然自漢以來史傳所紀孝子多出幼歲安見童年
不可廬墓乎墨林又謂孝感志體例未善所稱三孝子廬墓
年月亦前後不符惟以張六五爲邑長山人足禆史志之缺
最爲有功先賢考祀典謂六五蕭山人知縣春秋致祭長山
在蕭山西門外而非諸暨之長山志以六五名與行第偶同
牽合之於史傳地志一無質證孝感志所引宋史河渠志祗言六五有功於河未嘗謂其

爲諸暨人所引文選夏侯曾先地志明史地理志天下一援統志皆言陶朱山爲長山未嘗謂六五爲諸暨長山人賢達以光宗家譜積弊相沿已久卽如此志張翼傳中引宋史鄭起傳張翼善爲詩云云考宋史鄭起傳有潁贄董湻劉從義善爲文張翼譚用之善爲詩張之翰善箋啟與郭昱馬應並知名於開寶湻化中昱爲周顯德進士應官大理評事贄拔萃登科至太子中允湻官工部員外郎直史館奉詔撰孟昶紀事翼與餘人皆不達若諸暨之張翼則咸湻乙丑進士也咸湻去湻祐二百七十餘年去開寶幾三百年志竟牽合爲一人又安知其以六五爲張夏之非牽合乎蓋志中所載如王祁之金履祥諸傳大半贋託廉修志時並不折衷於史志子集而拉雜存之藝林亦別無實徵以臆度而駁之卽以臆度而稱之楚則失矣齊亦未爲得也故人物志中匪特

不敢妄列張夏卽三孝子廬墓之年雖不敢決其爲非亦皆闕而不登略附辨於此以存其疑是書前有浦江戴殿泗序及康自序其敬宗收族之苦心要自不容沒也

諸暨縣志卷四十七

諸暨縣志卷四十八

經籍志

子部

儒家類

西銘注

宋朱光撰光字吉甫事蹟詳列傳書載乾隆府志今佚

宗範一卷

元吳宗元撰宗元字長卿號筠西事蹟詳列傳慕浦江鄭義門十世同居得其家範輯爲此書以示子孫宋濂爲之序黄虞稷千頃堂書目收之

道程道統六說七卷

元方圻撰圻字與京白門里人幼從楊恆學講求心法屬纊

時誡其子曰我之二書時未有知汝可於匣石間作室藏之以俟後八其友申屠澂謂其書祕不示人終莫能窺其涯涘今未見

警世集一卷

元楊維楨撰維楨所撰書俱已著錄是集不見本傳所述皆先民榘範危言罕譬醒世之木鐸也在維楨著述中尤爲僅見之書明昌江吳永輯入三續百川學海戌集

孝至摭言

元申屠澂撰澂字仲敬事蹟詳列傳書見續宏簡錄兩浙名賢錄亦載之今未見

朱子傳疑

元陳潛撰潛有詩經辨論已著錄書載宏治府志今佚

篤終易覽一卷

明駱象賢撰象賢有歸全集已著錄又仿朱子家禮著此書

教典法言

明駱先覺撰先覺字莘夫天啟壬戌進士官曲周縣知縣解組後纂此書今佚

體古錄

明陳元功撰元功字應武事蹟詳列傳是錄集宋宋元諸儒說而釋以己意今佚

進修錄

明陳元功撰體古錄釋先儒成說此則自明其心得也亦佚

道學心傳

明張一龍撰一龍有嵊山易門已著錄書載孝感里志今佚

家教輯略

明酈洙撰洙字白巖事蹟詳列傳嘗講學稽山書院著此書以發明朱子家禮皆有依據

範世全編

明酈光祖撰光祖以其祖洙有家教輯略因廣爲此書

定性書

明酈光祖撰與範世全編竝行世

家訓一卷

國朝余縉撰縉有續保越録已著録是書爲訓誨子弟而作附刻高湖余氏譜後

道學宗譜

國朝楊學泗撰學泗有羲經講義已著録其講學以主敬存誠

爲主則閩洛家法也所著又有朱子學的理學心印性理約言省身錄諸書皆著錄郡邑志俱佚

養正錄

國朝張世艮撰世艮字景留晚號留芳居士書載乾隆府志前有會稽胡浚序而不收入文集疑爲贋託又著有家訓正規府志亦載之俱未見

迪吉編

國朝金樹本撰樹本字培生道光癸巳進士事蹟詳列傳會稽宗稷辰稱是書追撫近溪榕門之爲多所心得今未見

性理芻言一卷

國朝朱芾撰芾字黼庭諸生掇拾宋人語錄小學諸書殊近稗販其家訓諸條則朱翁孫治家格言之緒餘也頗淺樸可味

兵家類

弩守書

宋姚寬撰寬有史記注已著錄嘗謂守險莫如弩因裒集古今用弩事實及造弩制度爲書以獻詔議行既成矢激二里所中皆飲羽書載張淏寶慶會稽續志今佚

勦匪臆說一卷

國朝吳杰撰杰字沅芷諸生事蹟詳列傳嘗佐郡縣幕必爲地方計利害咸豐季年東南兵起著此編上之當事

小坡芻議一卷

國朝余坤撰坤字小坡道光己丑進士官雅州府知府事蹟詳列傳桐城姚瑩以臺灣事被逮坤與意氣相投爲納饘鬻故於兵事有心得時天下方多故遂著此編

農家類

蠶桑寶要一卷

國朝周春溶撰春溶字巳村乾隆乙卯優貢充八旗官學教習以知縣分發四川歷署平武資陽榮昌南溪平羅諸縣事蹟詳列傳是書作於任南溪時

醫家類

醫術二十卷

宋楊文修撰文修字中理事蹟詳列傳朱子嘗過其家與談名理及天文地理醫學之書是書見楊維楨所作楊佛子傳今佚

苗氏備急活人方

元苗仲通撰見鐵厓文集萬歷府志亦載之今佚

麻疹闡注一卷

國朝張廉撰廉著有列代史論已著錄性孝父病繙閱靈樞素問遂精醫理此書刋於道光二年又刋於道光二十八年其自序云麻疹一科古無專書近惟萬氏謝氏七十二症爲善然未免煩瑣趙氏彙補悉本御定醫宗金鑑玆本所采多本趙氏云今其版久燬光緒己亥郭豫金品三重鐫案趙氏亦邑人其書亦尚有傳鈔本廉又有胎產祕要一帙咸豐年間刋行

楊氏醫學四種

國朝楊五德撰五德事蹟詳方技傳其書分女科輯要兒科彙纂眼科心得外科薪傳四種今未見

麻疹要覽二卷

國朝傅宏習撰宏習字紹巖嘉慶十二年子大經校刋前有傅棠序

術數類

五行祕記一卷

宋姚寛撰寛有弩守書已著錄寛精於天文金主亮入寇上書執政以推測言寇必滅未幾亮果自斃書見寶慶會稽續志今佚

地理撥沙圖

宋楊文修撰見楊維楨所作傳萬歷府志亦載之今未見

地理書

元吳雄撰雄字子飛爲朱子五傳弟子事蹟詳列傳書載萬歷府志今佚

卜筮書

元吳雄撰載萬歷府志今佚

地理指迷一卷

明周瑾撰瑾字孟瑾事蹟詳方技傳生有異質星律卜筮天算音律儒釋異域之書罔不精曉而地理尤知名其書今少傳者世所行山洋指迷則贋託也

地理指迷確注

國朝楊有慶撰載乾隆府志蓋卽注邑人周瑾所作書也今未見

易外偶紀四卷

國朝周源淋撰源淋字沃齋官戶部員外郎其書先引素問淮南諸古說及注而以己意釋之隨手輯拾不分漢宋門徑其

第二卷又拾易經遺句用心頗勤刊於乾隆五十五年源淋自爲序

藝術類

藝苑略一卷

元楊維翰撰維翰字雲泉號方塘維楨從弟也事蹟詳方技傳書載萬歷府志今未見

草字彙十二卷

國朝石梁輯梁字鎮南諸生善行楷事蹟見方技傳此書集古人法帖各草書前有蔣光越趙恩道袁曰森三序凡帝王十家漢三家晉三十三家劉宋二家梁二家陳四家唐十三家宋十一家元三家明十家以地支分表十二卷約以偏旁爲類以視淳化閣等帖諸多未備卽較之陶南望草韻彙亦未

兔挂漏此則僻居鄉曲限於見聞之故也惟手自摹刻較陶
書特精故一時傳鈔者眾

筆權六冊

國朝吳曆洛撰曆洛字子樵事蹟詳方技傳曆洛晚年書此分
貽六子今存一冊爲孫部郎誦洛所藏

右藝術類書畫之屬

玉璽書

宋姚寬撰寬有五行祕記已著錄書載會稽續志今佚

漢晉印章圖譜一卷

宋王厚之撰厚之有金石錄考異已著錄是書見明焦竑國
史經籍志今未見

考古印章四卷

宋王厚之撰載萬歷府志今未見

漱石軒印譜

國朝鍾權撰權字石驅工刻印此譜爲其子鼐所輯分印存印譜二種印存皆藏家之印印譜則爲友人所作者按自明中葉篆刻分文彭何震兩派權所作頗能集二家之長惟篆籀鐘彝文不盡一致爲人口實

右藝術類篆刻之屬

除紅譜一卷

元楊維楨撰維楨各書俱已著錄陶九成輯有說郛本後佚國朝姚安陶珽重輯順治間李際期刊編入說郛一百零二卷中嘉定錢大昕收入補元史藝文志

右藝術類雜技之屬

雜家類

陶朱新錄一卷

宋馬純撰純字子約事蹟詳列傳前有紹興壬戌自序云樸樕翁單父人也建炎初避地南渡宦遊不偶以菲材棄寓陶朱山下藜羹不糝晏然自得因搜今昔見聞裒綴成帙案隆興初純以大中大夫致仕居諸暨之陶朱鄉以地名書乃雜家言非致富書亦非地志也元至正十年徐顯克昭刻有裨史集傳本後陶九成宗儀復刻有說郛本

國朝昭文張氏墨海金壺金山錢氏珠叢別錄皆有校刊本近錢唐丁氏善本書室藏有精鈔本楓橋授經堂有影鈔丁本亦宋代邑人著述之僅存者也

西谿叢語二卷

宋姚寬撰寬有西溪叢語已著錄

四庫提要云此書多考證典籍之異同如辨文選神女賦玉字爲王字之誤辨劉攽論蕭何不爲功曹之誤辨黄庭堅論徐浩詩瓌能押奴來切之誤辨歐陽修論張繼半夜鐘之誤辨王安石詩經析義彤管爲籥笙之誤皆極精審至考感甄賦之始末不辨其非按書中明言裴硎傳奇載感甄賦之因謂文字淺俗不可信似不得復責其不辨陶潛詩中之田子春卽漢書劉澤傳中之田生謂杜甫詩中之黄衫少年卽霍小玉傳之黄衫客謂甫俊逸鮑參軍句爲譏李白皆穿鑿附會註劉禹錫詩翁仲字不知其不作於洛陽注李白詩嗌井字不知其出於玉臺新詠王宋詩引秦嘉贈婦詩誤以第一首爲徐淑作引詩品誤改寶釵字皆爲疏舛然大致瑜多而瑕少考證家之有根柢者也惟提要此書

作三卷考鶴鳴館刻本前有自序又有錫山俞憲序作於嘉靖戊申序略云往過西京馬氏元氏獲見姚寬西溪叢語有裨經史久不去於心頃過三石喬子又復見之問所從卽西京鈔本也第多脫誤不便披省遂相與較覈一過屬臨溪楊子刻之武昌書祗二卷明常熟汲古閣毛氏祕本書目有西溪叢語精鈔上下卷二本後據以刻入津逮祕書惟昭文張氏學津討原本作三卷與提要同今錢唐丁氏善本書室有吳尺鳧瓶花齋舊藏明槧本亦二卷前有紹興昭陽作噩仲春姚寬自序又俞憲楊臨溪二序後有尺鳧蟬化居士手識云此卷華山馬基所貽有淮南小隊繡谷蟬華諸印卽鶴鳴館本也吳門黃復翁士禮居藏書跋謂是書最舊爲鶴鳴館刻明焦弱侯國史經籍志所收亦是二卷則知提要所錄三

卷本必非舊槧也寬自序言其嘗案嶺外守會稽而本傳失載可補舊志之遺鄞縣范氏天一閣所藏西溪叢話即此書也汲古閣精鈔本舊亦題作叢話杭州葛氏嘯園叢書所刻本則題作一卷蓋本於宋陳振孫書錄解題陳書題作姚氏殘語一卷注曰剡姚寬令威撰又名西溪叢話已板行王明清揮麈錄則作西溪殘語一卷陶九成說郛本則題姚氏殘語一卷宋史藝文志則題西溪叢語二卷蓋題名不同卷數各異在宋元時已然矣其實一書也或强分叢語殘語爲二書并疑

四庫所收三卷本并陳氏所謂姚氏殘語王氏所謂西溪殘語一卷言之而不知叢語殘語即一書也惟陳氏書錄解題於姚憲乾道奉使錄則題曰諸暨此書則題曰剡豈姚氏兄弟

分居二邑歟今無從考實矣又今歸安陸氏儀顧堂亦藏有鵜鳴館本陸存齋心源跋言嘉靖戊申俞憲據西京馬西玄鈔本刊於武昌鮑淥飲據澹生堂鈔本補二條卷上海上人條後趙師孟條前補凡木一歲生一節來歲後於節再長也十五字宣和貴人條後李商隱條前補樹萱錄引杜詩云虬鬚似太宗色映寒夜春又云子章髑髏血模糊懷中寫出呈大夫二十三字汲古閣本即從澹生堂本出而佚令威自序一篇據此則知海內所藏精本尚多何以

四庫館獨收三卷本并汲古閣所刻亦未之及也又陸跋言俞憲據西京馬西玄本付刻而提要所引俞序則云往過西京馬氏元氏獲見姚寬西溪叢語豈有馬氏元氏二本而俞氏所據刻者乃是馬本歟或傳鈔有訛字歟以意度之玄或以

避諱而改元氏則虛之訛字也

洞天清祿集一卷

宋趙希鵠撰希鵠本宗室子徙居邑之城南中嘉定十六年進士

四庫提要云是書所論皆鑒別古器之事凡古琴辨三十二條古硯辨十二條古鐘鼎彝器辨二十條怪石辨十一條硯屏辨五條筆格辨三條水滴辨二條古翰墨眞蹟辨四條古今石刻辨五條古今紙花印色辨十五條古畫辨二十九條大抵洞悉源流辨析精審如謂刁斗乃行軍炊具今世所見古刁斗乃王莽威斗之類爲壓勝家所用又謂今所見銅犀牛天祿蟾蜍之屬皆古人以貯油點鐙今人誤以爲水滴其援引考據類皆確鑿明甯獻王權嘗爲刊板於江西見甯藩書

目曹溶續藝圃搜奇所載與此本同蓋皆從甯王舊刻傳錄明錢唐鍾人傑輯唐宋叢書別載一本與此本迥異考其中有楊慎之說甯庶人宸濠之名則希鵠何自知之其爲未見此本而剌取他書以贋其名固不待辨矣惟提要據書中有自嶺右回至宜春語疑其非居越州案杜春生越中金石記明言諸暨人其所書文應廟記碑石尚存裔孫亦世居城南無可疑也希鵠刻此書自爲序云余會萃古琴硯古鐘鼎而次凡十門辨訂是否以貽清修好古塵外之客名曰洞天清祿題其籤曰洞天清祿集後人刻本多誤祿爲錄提要遂承其訛而不釐正疏矣惟澹生堂所藏鈔本爲得其眞乾隆乙卯歙縣鮑廷博得此本系跋於尾曰此書近時刻皆譌清祿爲清錄因去集字又謬分爲十一門似未曾詳讀本序也古

書辨中次第亦多錯亂皆當以此本爲正康熙癸巳義門何焯記右本傳自陸朗夫中丞家爲澹生堂影宋鈔本經何義門手校較胡文煥格致叢書本多一十九條不特如義門所云序次不同而已番禺潘氏海山仙館本即據此鮑校本付刊而刻廷博跋語於書尾趙氏南渡後卜居諸暨希鵠原序題作開封者示不忘盧墓之所在也石門顧修氏所刻讀畫齋叢書本題作洞天清祿集當亦據澹生堂本付刻者海甯蔣生沐光煦東湖叢記云余所見明焦弱侯家精鈔洞天清祿集有歸安嚴蕙櫋元照跋云塘棲宋茗香助教所得舊簽隸書五字類文待詔以香修小印鈐之香修蕙櫋姬張秋月字也而焦氏國史經籍志又何以不及此書耶

稗濟錄一卷

元楊維翰撰維翰有藝苑咯已著錄是錄載萬歷府志今未見

湖海摘奇

明陳洙撰洙字文淵事蹟詳本傳書載浙江通志今未見與元陳洙爲陳大倫所從學者異舊志誤爲一人

正譌蕪言

明鄭天鵬撰天鵬字子沖正德癸酉舉人江西弋陽縣知縣事蹟詳列傳書載萬歷府志今未見

森齋彙稿十九卷

國朝馮至撰至字紹泰森齋其號也乾隆丙午舉人官玉環廳訓導事蹟詳列傳是編云允都名教錄者八卷以邑故允常所都錄其有關名教者金汀拾遺二卷蓋其所居以金汀得

名拾遺者拾當時縣志所遺也雜俎二卷則所作文辭也道學世系二卷上卷十四條首言道學之傳自伏羲迄孟子爲一條次董子次諸葛次文中子次韓昌黎次周子次二程子次張子次邵康節次張南軒次呂東萊次陸象山次陳同甫各一條於元取何文定王文憲金文安許文正卽附陳同甫後下卷則明人薛胡陳王蔡羅六子而益以曹正夫陳晦德邵國賢凡九條一時交遊弟子皆附焉案以後學進退古人岸然次第其高下最爲講學家惡習此編刺取生平不爲褒譏取便記誦猶非依傍門戶者末附惜字三宜一首殊非體製入之雜俎爲允書疑一卷凡六條舜典益稷謨仲虺之誥武成洪範無逸立政各一條疑古文錯簡欲改第其前後卽非支離亦鄰僭妄周官序論一卷凡六條六官各自爲篇序

其建官本意古史序論一卷凡三篇第一篇自上古迄威烈王曰古史序論第二篇曰春秋序論第三篇曰戰國序論亦無甚精義鴻文擬補一卷則戲封古帝聖賢之後史繹二卷則大率設辭翻案之論以文爲戲亦乖大雅其自序雜俎曰先正以刻稿爲人間第一可恥事森齋既得聞斯言何復躬蹈之也曰雜俎者名教之枝言也而其有關於允都者什九史繹諸作無關允都矣要之不離名教者近是金汀則允都之一隅也不見錄於邑乘以允都名教之例錄焉則其命意所存可知矣

猶賢錄十二卷

國朝傳學沆撰學沆字太冲乾隆癸酉以第一人領鄉薦事蹟詳列傳是編爲其讀書紀聞之作前有其同年友仁和胡侍

郞高望序書中如駁論語十亂朱注謂婦人爲大姬非邑姜據史記姬從嬀滿會王師于豐水以伐紂今鄮縣七里有胡公泉卽姬治兵處爲證解迹熄詩亡謂周自昭穆後巡狩迹絶不復有太史陳詩事故曰詩亡不必改作雅亡也解惟桑與梓必恭敬止謂桑梓人賴其用猶不敢殘毀寓恭敬之意況父子相與非直桑梓而已非以桑梓爲鄕里也引羅壁識遺謂史記世系言自黄帝之舜凡九世及敘夏系自黄帝之禹止五世何舜遠而禹近敘黄帝之湯凡十七世湯至紂又二十九世而敘黄帝至武王但十九世何紂遠而武近史記輕信而疏略子由之譏不爲無因服制二十五月二十七月議者聚訟則引孝經援神契曰喪不過三年以期增培五五二十五月以義斷仁示民有終也故漢人喪服之制謂之五

五棠邑令費鳳碑曰菲五五纕杖其未除巴郡太守樊敏碑曰遭離毋憂五五斷仁是也洪氏曰菲五五者居喪菲食二十五月也卽隋書姚察傳所謂疏菲謂馬融始應鄧隲之召官南郡太守以貪濁免官髡徙朔方屈節媚梁冀草奏殺李固考趙岐娶融從妹岐常鄙之不與相見袁隗娶融女隗謂妻曰南郡君學窮道奧文爲辭宗而所在之職輒以貨賄爲損何耶融女名倫妹名芝並有才藝融平生大節細行一無可取明嘉靖中罷其從祀千古失出之刑至是而正謂高祖功臣十八侯位不及韓淮陰宋南渡定中興十三處戰功不及岳忠武皆千古寃案然十八侯之功定於高后二年后既殺淮陰自不應錄其功至中興之功定於乾道二年此時秦檜已熄而孝宗猶憒憒若此可謂是父是子其引據頗精確高望序言內

分經籍史籍雜籍類籍凡十有二卷今存本甚少惟梅嶺傅氏守梅山房所藏得之於其外大父杜茂才夢白尚有完本

俟采副草八卷

國朝蔡英撰英字蕃宣號東軒乾隆丁酉舉人官江山訓導事蹟詳列傳是編前三卷初名記眞草後更删定其自序云惟存其有關於理有關於事者錄之第四卷曰里居雜錄皆梓里中嘉言懿行親見親聞者第五卷江陽雜錄第六卷江陽孝行錄則官訓導時所紀第七卷學規江署誥誡之詞第八卷屬書家庭翼謀之訓其讀陽明集云陽明大儒不得詆之爲禪學謂其學不合朱子則可謂其入於禪學則不可謂其節目不同朱子則可謂其本原不合朱子則不可折衷至當不染講學家習氣前有德州盧蔭溥江戴殿泗二序皆盛推

其學行卷首題道光十九年重鐫蓋初刻各自爲書此則其子樑編校重鐫者至其命名之意以所紀皆有裨政教將以俟輶軒之采且副謙辭也

耐庵類稿十卷

國朝陳偉撰偉字耐庵光緒乙亥舉人事蹟詳列傳幼讀十三經皆手録長遂通經著愚慮録五卷說經甚精如辨三老五更之非三人五人辨論語過位升堂之非治朝之位燕朝之堂說服冕十二章糾鄭注周制九章之誤說呂刑其罰倍差辨孔傳五百鍰之非皆足破前人之疑竇食古録一卷因說爾雅火龜郭注火鼠而及火浣布待質録一卷論四岳及大雅抑篇均詳慎確鑿居求録一卷諭爾録二卷亦質直可味光緒丙申其門人永康應德閎及其子守貞校刊遺著統名

曰耐庵類稿德清俞曲園樾爲之序稱爲經明行修庶無愧焉

釋家類

輔篇記十卷磨羯逃章三篇

唐釋元儼撰元儼事蹟詳方外傳書載高僧傳俱未見

金剛經義疏七卷

唐釋元儼撰亦載高僧傳今未見

道家類

玉樞經注二十四卷

國朝姚燮撰燮於道光癸卯大病幾危養痾甯郡報德寺忽大曉悟因自號復莊注此經收藏道藏書至二巨篋於方外之旨多心得矣

諸暨縣志卷四十八

諸暨縣志卷四十九

經籍志

集部

楚詞類

補楚詞一卷

宋姚舜明撰舜明有奏章三卷已著録是書載萬歴府志今佚

楚詞注解十七卷

國朝郭鳳沼撰鳳沼有中庸說解已著録晚遭家難俯仰身世殷憂太息乃取楚詞注之考異衷同意蓋以自況也書極詳核今手稿猶存惜殘佚過半擬補輯付刊以行世

別集類

南湖翼聖集十二卷

宋張澡撰澡字雪齋大觀中以薦辟官國子司業事蹟詳列傳是集載孝感里志今佚

浣溪文集

宋黃開撰開有周易圖說等書已著錄集載萬歷府志今佚

城山集

宋黃閤撰閤開弟有自相傳已著錄集載馮至允都名教錄今佚

拙庵文集二十卷

宋黃誾撰誾開弟乾道己丑進士官海鹽縣令集載允都名教錄今佚

芝堂文集二十卷

宋黃聞撰聞亦開弟有明良政要已著錄集載允都名教錄今佚

姚待制詩文集十卷

宋姚舜明撰舜明有補楚詞已著錄集見萬歷府志今佚

西溪居士集五卷

宋姚寬撰寬有西溪叢語已著錄宋陳振孫書錄解題有西溪居士集五卷葉適水心集跋是書稱其加作者一等又稱其著書二百卷古今同異無不該洽其推重如此是集馬端臨文獻通考張淏寶慶續志亦載之今未見

雪篷集一卷

宋姚鏞撰鏞字希聲雪篷其號也嘉定丁丑進士官至贛州守後以事貶衡陽是書輯入陳思兩宋名賢小集又朱竹垞

本宋人小集四十餘種內列此集末附雜文一帙厲鶚宋詩紀事亦收其詩石門顧氏刻有讀畫齋叢書一百四十八卷本

縉雲文集四卷

宋馮時行撰時行字當可事蹟詳列傳

四庫提要以爲壁山人云嘗居縉雲山授徒因以爲號宋志載其文集本五十五卷歲久散佚明嘉靖中重慶推官李璽始訪得舊鈔本編爲四卷授梓此本即從璽所刻傳寫者案時行昆弟居墓皆在縣北祝鴝互詳山水坊宅人物志無可疑也四川通志誤列時行於其年世科名俱未深考提要因之遂以時行爲壁山人意蓋以宋史言時行與朱松曾開等阻和議忤秦檜謫知萬州嘗於縉雲山授徒因以縉雲名其集

萬州宋夔州路壁山亦夔州路地當不遠遂因此而誤歟提要又引通志謂時行紹興時爲丹稜令罷歸後出守蓬萊州終於提點成都刑獄公事可補史傳之遺洵如志言則時行亦是四川名宦而非壁山人矣今歸安陸存齋心源氏藏有影鈔明李璽刻本前有嘉靖甲午張檢序心源氏爲之跋曰時行事蹟詳宋史補傳宋史藝文志云時行文集五十五卷今所存不及十一史炤通鑑釋文前有時行序繫年要錄載時行奏議三首今本皆不載其佚多矣時行卒於隆興元年見集後蹇駒馮侯廟碑而碑後附李璽文移稱時行嘉熙狀元及第豈知嘉熙在隆興後七十餘年乎明人不學至此眞堪噴飯云云通志因李璽公移而誤又誤嘉熙爲嘉定提要據集言時行宣和中舉進士又有建炎庚戌中秋與同官期

月下詩又有紹興口年六月十六日詩以是疑四川志之誤是也而不知四川志之誤由於李璽當時館中諸公於李璽公移曾未詳閱亦可謂疏於檢考矣是書秋聲館與汪氏振綺堂俱有精鈔本許氏又有舊鈔十五卷附錄一卷本卷數多三倍餘時行佚文所載亦必較多於李刻惜許書散失無從考訂不知其鈔自何本也

居易集四卷

宋陳壽撰與壽所著周易附傳諸史辨疑俱載南遷事實記今佚

雞肋集

宋胡渭撰渭字景呂事蹟詳列傳集載萬歷府志今佚

王員外集二卷

元王艮撰艮字止善官淮東道宣慰副使事蹟詳列傳乾隆府志據元徐顯克昭所刻稗史集傳謂前有虞集序檢道園學古錄無此集序案徐氏刻稗史集傳時爲至正十年艮歿於至正八年見黃文獻溍所撰墓志相距甚近不應有誤意道園撰有此序而學古錄未曾收入歟惟其書今未見其爲詩文合刻與否則無可考訂矣舊志所錄止止齋集第據顧俠君嗣立元詩選所收綴拾成集非原書也稗史集傳今猶有存書故從府志著錄

象川集十卷

元俞漢撰漢有春秋傳已著錄漢居花山之象湖故以名其集載宏治府志今佚

三益稿

元胡一中撰一中渭子有定正洪範已著錄稿載萬歷府志
今佚

雪林小稾壎箎小稿

元胡一貞撰一中弟稿俱載萬歷府志今佚

東維子集三十卷附錄一卷

元楊維楨撰維楨有春秋合題著說史義拾遺諸書已著錄此其初刊詩文也前有華亭孫承序後有王俞跋集內序記最多碑銘雜著次之詩僅百篇錢唐丁氏所藏鈔本有鳴野山房印

四庫提要謂此編錄文二十八卷詩僅兩卷又以雜文十首足之蓋以文爲主詩特附行耳朱國楨湧幢小品載王彝嘗詆維楨爲文妖今觀所傳諸集詩歌樂府出入於盧仝李賀之

鬬牛鬼蛇神誠所不免至其文則文從字順無所謂翦紅刻翠以爲塗飾聱牙棘口以爲古奧者也觀其於句讀疑似之處必旁註一句字使讀者無所歧誤此豈故爲險僻使人讀不可解哉其作鹿皮子集序曰盧殷之文凡千餘篇李礎之詩凡八百首樊紹述著樊子書六十卷雜詩文凡九百餘篇今皆安在哉非其文不傳也言厖義淫非傳世之器也孔孟而下人樂傳其文者屈原荀況董仲舒司馬遷又其次王通韓愈歐陽修周敦頤蘇洵父子我朝則姚燧虞集吳澄李孝光此數十君子其言皆高而當其義皆奧而通也觀其所論則維楨之文不得概以妖目之矣陶宗儀輟耕錄載維楨辨統論一篇大旨謂元繼宋而不繼遼金此集不載今爲補入又邑人葛潄白玉書跋此集云東維子集三十卷明萬歷中

五卷四十九
王俞刻本按朱性甫野航雜著書楊鐵厓遺文云蜀中刻東維子集一部刻手甚孟浪又疏略無次序先生文集以此本爲最富而疏略孟浪洵如性甫所云如歌詩異名同實不應析爲二類書題挽辭文家一體不妨分著其目若篇帖孤單可總入雜文不應標以附字他如拟律則誤爲古體原注見二十九卷古詩則編入雜文原注見三十卷甚至半簡之中後先易位一行之內脫衍類滋杖杜銀根觸目皆是曩時郭春林校讎一過頗有抉發今復采摭諸本參驗異同補綴刪正不下五六千言爲數滋多不屑屑盡施案語其不可强通者仍之雖未爲完善而方之原本則荆榛之闢者已多矣案吳門士禮居黄氏藏鐵厓著述甚多嘉慶年間蕘圃主事丕烈以十餘種贈玉書玉書繪有太湖載書圖歸後聘同邑蕖去病廣文敬校

勘幷代撰跋語將以付刻而所校本燬於粵匪之難今仍通行舊本而已郭春林名毓邑詩人也事蹟見人物志常熟錢氏絳雲樓書目所載亦是王俞刻本

鐵厓古樂府十卷樂府補六卷

元楊維楨撰其門人吳復編

四庫提要云維楨以樂府擅名此其全帙也樂府始於漢武後遂以官署之名爲文章之名其初郊祀等歌依律製詩橫吹諸曲採詩協律與古詩原不甚分後乃聲調迥殊與詩異格或擬舊譜或製新題輾轉日增體裁百出大抵奇異仿於鮑照變化極於李白幽豔奇詭别出蹊徑歧於李賀元之季年多效温庭筠體柔媚旖旎全類小詞維楨以橫絕一世之才乘其弊而力矯之根柢於青蓮昌谷縱橫排奡自闢町畦其

高者或突過前人其下者亦多墮入魔趣故文采照映一時而彈射者亦復四起然其中如擬白頭吟一篇曰買妾千黃金許身不許心使君自有婦夜夜白頭吟與三百篇風人之旨亦復何異特其才務馳騁意務新異不免滋末流之弊是其一短耳去其甚則可欲竟廢之則究不可磨滅也惟維楨於明初被召不肯受官賦老客婦謠以自況其志操頗有可取而樂府補內有作大明鐃歌鼓吹曲內多非刺故國頌美新朝判然若出兩手據危素跋蓋聘至金陵時所作或者懼明祖之羈留故以遜詞脫禍歟然繩以大義不止於白璧之微瑕矣葛玉書跋此書以鐃歌鼓吹曲爲贋作云篇內疵病百出瑕璺顯然即以論西蜀一章論之明玉珍以元至正二十三年稱帝二十六年卒至明洪武三年其子昇嗣位已五

年不應序內尙舉玉珍之名序但云未忍加誅先喻之以詞而進鐃歌表云己酉喻西蜀庚戌蜀平則題徑云平西蜀耳不必云諭也何以一人之手違戾至此且諭蜀者爲楊璟諭之不從復遣以書昇復不聽庚戌明遣使假道征滇亦不奉詔何得云平昇之降以四年辛亥六月則先生已前一年卒矣其爲僞作確然無疑蓋先生必別有鐃歌軼而不傳原注江西鐃歌二篇尙存見宋維子集後人因貝仲琚楊先生傳有鐃歌鼓吹曲行世語遂謬以此當之而不知其齟齬已甚今辨而削之知人論世者當不以爲妄也其論甚確據沈冰壺抗言在昔詩注則老客婦謠亦是贗作詳見詩話歸安陸氏皕宋樓有嘉興梅里陳昻舊藏本有天都陳氏西雅樓圖籍朱文方印東皐先生後人白文方印昻字書厓家梅里與竹垞笛漁比鄰居竹垞父子皆有題陳書厓納

涼圃詩

詠史古樂府八卷

元楊維楨撰每卷題華亭陳繼儒仲醇校閱諸暨陳善學淵止訂正蓋淵止所刻也葛玉書跋此書謂此外又有顧本宋本楊本凡題後徵引故實割裂杜撰冰人笑齒者所在多有合之陳本其失相等惟諸本題後所刊皆作大書而陳本或大書或小注以例求之大書者皆有論斷翦裁亦不至鹵莽實出先生之手小注則無學人所羼入雖其例偶未畫一則繕寫之誤耳今因陳本之例普加釐正刪其已見古樂府及復古詩集者而卷第則仍其舊顧本閒有評語別爲一帙附於後云今玉書所校已燬惟陳本仍通行

復古詩集六卷

元楊維楨撰門人章琬編

四庫提要謂其體皆時俗所置而不爲故以復古爲名琬序稱輯前後所著二百首連吳復所編又三百首而今止一百五十二首數不相符或後人已有所删削非完本歟其中香籢詩爲他本所不載古樂府諸篇則與鐵厓樂府相複者數十首而稍有異同如石婦操山夫折山花句上樂府本尚有襄襄孫竹岡上有石魯魯二句山頭朝石婦句樂府本作歲歲山頭歌石婦又烽燧曲一首樂府本以上句作下二句其文互有顚倒又樂府本所載詩題與此本異者如北郭詞之作屈婦詞秦宮曲之作桑陰曲合歡詞之作生合歡空桑曲之作高樓曲此類不一而足蓋吳復編鐵厓樂府在至正六年琬編此集在至正二十四年相距幾二十載殆維楨於舊稿

有所改定故琬據而錄之此當從其定本不當泥其初稿者矣

鐵厓先生古樂府十卷復古詩六卷

元楊維楨撰錢唐丁氏善本書室有元槧本卽汪閬原藝芸書藏本也吳門黃蕘圃士禮居藏書盡歸汪氏而葛玉書未見此本可見當時蕘圃所贈非佳本也此本卷首總題太史紹興楊維楨廉夫著太史金華黃溍晉卿評門人雲間章琬孟文注古樂府有至正丙戌方外張雨門人吳復二序復古詩有至正二十四年門人能淵生章琬前後序跋卽汲古閣所自出也蓋古樂府則存吳復舊編幷存其序而略加以注復古詩則據維楨晚年改定本與琬所新輯者而加注焉故二編得總題曰雲間章琬孟文注鐵厓集自經後人竄改將

古樂府所錄者雜入復古詩中又削去復古詩之大半以致篇數不符元槧之眞面目幾不可復見幸有此元槧十六卷合刻本可據以證

四庫提要所說之非誣錢氏絳雲樓書目所載卽此本也瞿氏鐵琴銅劍樓有明槧校本明正統間崑山衞靖得元槧於楊文貞家成化己丑常熟劉儆仿刻或云汲古閣卽翻刻劉本惟削其評注耳有張雨吳復顧阿瑛章琬衞靖劉儆諸人序跋卷中有皇象山人朱筆校語首尾有姚舜咨圖記竹汀所賞平津館淵如珍藏二朱印又有西安王氏刻本祇四卷

復古詩三卷

元楊維楨撰昭文張氏愛日精廬藏本不著編人姓名張月霄謂復古詩元章琬所輯刻竣在元至正二十四年編此集

者當在琬後理或然歟以其異本足資參校並著錄焉

鐵厓文集五卷

元楊維楨撰明萬歷間同里陳宗甫于京刻本蓋出於宏治郴陽馮允中本也葛玉書跋云馮序誤江西提舉爲江浙以往來荊吳屬之入明以後皆失於考證諸文次第又不以類從陳本頗加排纂而既刋題識於一卷又析跋尾於三卷混書題於書牘收葬大夫平反篇於辨論而記里鼓車等三賦則竟行割去均爲不合今姑從此本掇其未見東維子集者記里鼓車等三賦則從馮本補入也今葛校已燬仍通行陳本常熟瞿氏鐵琴銅劍樓有明槧本題會稽楊維楨著毘陵朱昱校正文凡一百三十七首前有鐵厓先生傳明宏治十四年御史馮允中以儲靜夫藏本合朱昱先生世所藏稿校刋

允中輿昱皆有序卷末有姑蘇楊鳳書於揚州之正誼書院一行昭文張氏愛日精廬藏書志誤爲元槧以未見馮朱二序故也今錢唐丁氏善本書室所藏明槧亦馮刻本浙東坊間通行本則皆陳宗甫所刻也

鐵厓文集全錄一帙

元楊維楨撰葛玉書跋云出明人鈔本脫行訛舛往往不可句讀今略爲訂正已見東維子集鐵厓文集者得若干首序文漶滅過半不復可誦嘗見汲古閣鈔本題爲周伯器藏本凡此本漶滅者盡闕之則知此本爲最古矣原有謝九疇跋尾今移以冠首跋稱二帙而卷析爲三兹以篇幅無多但總爲一帙焉

鐵厓文集補遺二卷

元楊維楨撰葛玉書跋云多出明鈔本及休甯汪季青古香樓本汪本於碑版諸篇特標金石文稿下題鐵派門生雲間孫謙編集明鈔本不著姓氏原跋稱幼時或以周桐村所錄一帙乞予錄之迄今三十五載取而觀之字畫訛謬且多草率可笑因以漫稿目之然漫稿云者乃作者所自稱非後人所宜逆施也今但稱明鈔本其雜采他書者亦著所自使覽者有考至大明鐃歌序及進鐃歌表決爲僞作不敢濫收以玷前哲焉

鐵厓漫稿五卷

元楊維楨撰前有無名氏序已殘闕又有鐵箇漁人傳卷四末又有無名氏跋云鐵厓之稿多矣而卒莫得其全予幼時以周桐村所錄一帙錄文四十九篇歲戊子或自雲間來別

以錄稿一帙售予凡文一百五十首因以鐵厓漫稿目之而以幼時所錄者附於後末有洪武十四年前從事郎湖州路德清縣主簿謝九疇跋云鐵厓先生文余酷喜之每詢求於先生諸門人或得之朋儕戚黨處日積月累手鈔數十篇成二帙置之几案日常展誦嗚呼先生詩文何時遇好事者悉鋟諸梓將大快千古云昭文張氏愛日精廬有鈔本從吳門士禮居傳錄復翁贈葛玉書時獨遺此書則知葛氏所得多是副本並未窺其全也張鈔今歸錢唐丁氏善本書室有祕冊及愛日精廬藏書二朱印葛跋所言鐵厓文集全錄一帙補遺二卷皆此稿也謝跋本云二帙與補遺卷數相符無名氏以所售文一百五十首爲一帙而以幼時所錄一帙附後則亦二帙也葛跋本錄爲一帙與補遺歧出是不特不見此

稿實未將全錄補遺二本悉心互勘合讀者疑爲兩書殊可異也謝跋祇二帙葛跋謂卷析爲三此稿又作五卷不知誰氏所分其改稱漫稿爲明鈔本亦屬率斷幸見此稿鈔本得並存之俾後人據以考正焉常熟瞿氏鐵琴銅劍樓亦有鈔本卷首題名上有周伯器藏本五字末有無名氏跋與張本同當是士禮居故物從汪閬原家所得者核其文與馮允中刻本互有出入楓橋陳氏授經堂有影寫丁鈔本

鐵厓詩集十卷

元楊維楨撰葛玉書跋云舊鈔本以十干排卷不知出自何人昔歲得於武陵書肆後復於黃蕘圃處得顧氏藏本審卷端語古小印知曾庋何義門學士之架者也丁戊二集全見復古詩此外亦有與樂府詠史複出者今並行汰去庚集內

首標七言律而竹泉詩贈王德謙相士寄鹿皮子三章實七言古詩姑存其舊不加移正集內鐘山詩與□□詩集答詹翰林詩頗爲世稱然鐘山乃朱純作原註朱竹垞靜志居詩話明初詩傳者多失眞如楊廉夫題鐘山作此吾鄉朱純詩也解學士題虎顧衆彪圖則又廉夫詩也答詹翰林乃邱葵作原註見本集題爲御史馬伯庸遣僧花赤徵幣不出有述林霍詩話亦載是詩同安縣志邱葵亦載入儒林亦有御聘述詩事又□□詩集上左丞相一首左當作右所云名馳冀北威振山東云云確指徐中山王無疑中山以洪武三年正月北征十一月召還而先生以是年五月卒不應詩中有云殷勤整頓乾坤了召入金鑾侍冕旒也蓋先生聲名煊赫傾動宇內假借附著勢所必有編輯者一例收入眞僞莫分今於互見他集確有據依及鄙俚已甚者並加翦薙其詞氣不倫未有明證者尚俟博雅君子審定焉案此集今錢唐丁氏善本書室

藏有舊鈔本其甲乙丙集題曰鐵厓先生詩集丁戊曰鐵厓先生古樂府後集戊集有至正丙午章琬跋丁集題太史金華黃溍評門人雲間章琬注即前所著錄者也己曰鐵龍詩集又鐵笛詩七言絕句庚曰鐵笛詩七言律辛壬癸曰草元閣後集壬集題曰孫月泉輯錄書後有黃復翁跋云余向藏鐵厓漫稿皆文也近購得此集疑出自洪永間求售者曰是騎龍巷顧氏物所錄詩篇不特與東維子未符即與吳復章琬所編亦未盡合當別據舊本也案復翁贈王書時當有是本故王書得據以撰跋又錢遵王述古堂書目有鐵厓詩集十卷未知與此是一是二惜其藏書久佚無從證其異同丁氏此本得之昭文張氏愛日精廬

鐵厓詩集十卷

元楊維楨撰耶文張氏又藏有此鈔本不著編人姓名與前所著錄十卷本皆傳鈔自吳門黄復翁家復翁於此本無跋愛日精廬藏書志言核所載詩有出前十卷本外者是以互相參校因竝存之

鐵厓詩集補遺二卷

元楊維楨撰葛玉書跋云上卷雜採諸本下卷全出江南席玉照鈔本先生詩眞贋雜糅宋潛溪譔先生墓志云無賴之徒僞爲君文以言授金繒則於詩可知矣詠新月先生詩也而屬之建文帝題虎顧衆彪圖亦先生詩也而屬之解大紳并傳會爲太宗幾欲廢嫡見詩而止以先生所作而誤屬他人則他人所作而誤屬先生者不少矣如老客婦謡流傳人口已五百年然先生卒年七十五而詩乃云行年七十又一

九朱錫鬯云是歲己酉廉夫年七十四耳何必增益其詞以誣孝陵殆好事者爲之原注萬歷志稱先生至京年八十餘無稽之談不足辨但介在疑似姑入收羅若席本俚惡之篇如秋千被盜等詩原注秋千詩有云一雙玉筍反覆反四隻金蓮顛倒顛被盜詩有云關西夫子擅文章財積南樓一旦亡百年盡歸梁上客半生空爲別人忙雖出之婦豎猶將浴以蘭湯者所亟宜屏棄也案今錢唐丁氏善本書室藏有愛日精廬鈔本鐵厓楊先生詩二卷前有祕冊愛日精廬二印上卷凡七絕一百七十三首七律二百四十八首七言古詩十六首下卷凡七律一百十四首七言長律五首七律聯句六首歌行二十九首核其篇章與葛跋大致略符惜葛氏書已燬無從辨別異同也又文瑞樓書目有舊鈔本楊鐵厓詩集一長卷云得之陸子振發者不知是此集否亦無從考徵

鐵厓詩一卷

元楊維楨撰崑山顧阿瑛編入玉山草堂雅集計詩二百四十五首多與玉山往還唱和及雜賦之詩間有東維子古樂府所未載者楓橋陳氏授經堂有影鈔玉山草堂本

鐵厓詠史詩一冊

元楊維楨撰

國朝李元春編道光乙未朝邑青照樓劉廷壁氏校刋其詩皆見鐵厓各集中蓋選本也以其去取詳慎故著於錄

麗則遺音四卷

元楊維楨撰

四庫提要云維楨東維子集不載所作古賦鐵厓文集中亦僅有土圭運花漏記里鼓車三作而他賦槪未之及是集爲賦

三十有二首皆其應舉時私擬程試之作乃維楨門人陳存禮所編而刊版於錢塘者至正二年維楨自爲之序其後漸佚不傳明史藝文志中備錄維楨著述書目亦無是集之名明末常熟毛晉偶得元乙亥科湖廣鄉試荆山璞賦一冊而是集實附卷末始爲重刻以行其荆山璞賦五首并綴錄於後以存其舊元代設科例用古賦行之既久亦復剽竊相仍末年尤甚如劉基龍虎臺賦以場屋之作爲世傳誦者百中不一二也維楨才力富健回飆馳霆激之氣以就有司之繩尺格律不更而神采迥異遽擬諸詩人之賦雖未易言然在科舉之文亦可云卷舒風雲吐納珠玉者矣葛玉書跋云萬歷中陳淵止本作二卷而以蓮花漏記里鼓車土圭三賦別爲一卷總目爲古賦汲古閣毛氏重刊本始析爲四卷而無

蓮花漏等三賦原注已見鐵厓文集陳本於習見之字往往加以音釋令人發粲毛本概行汰去較爲合體然字句異同則互見得失今合二本及鮑氏知不足齋舊鈔本參互考定其卷第一從毛本云今通行者郎

四庫所收本也絳雲樓書目有元槧本已燬瞿氏鐵琴銅劍樓亦有元槧新刊麗則遺音古賦程式四卷題丁卯進士紹興楊維楨廉夫著丁卯同年邵武黃清老子肅評前有至正二年維楨自序目錄前有至正癸未正月三日題記五行後有至正元年錢唐陳存禮跋蓋元時考試首以賦刻此爲科舉程式也原闕卷一卷二黃復翁取周香嚴所藏元本鈔補卷中有黃涫躍蘊生陶復菴二朱記常熟毛氏汲古閣祕本書目有最精元槧本未知與瞿氏所藏異同若何惜毛書久佚

無從考訂案瞿氏之書多是士禮居故物葛玉書跋引毛本陳本而不及復翁所藏之元槧鈔補本益見當時所贈之非精華也

鐵厓賦二卷

元楊維楨撰葛玉書跋云出舊鈔本較金氏文瑞樓鈔本微有不同案文瑞樓書目云賦一卷係與友人借鈔誤字尚多惜未得善本一校今析爲二卷訛者正之疑者闕之至蒿宮賦有鼓蒿日蔚牡之文玩上下文義似非繕寫之誤而先生於雅訓不應乖謬至此殊不可解耳案今通行者爲陳善學所校亦分析爲二卷阮文達

四庫未收提要有鐵厓賦稿二卷云

四庫全書錄麗則遺音四卷計賦三十二首此則未刻稿也賦

凡四十八篇爲海甯朱燧子新氏手錄時洪武三十二年也出自樓文淵家文瑞樓書目所載瞿氏鐵琴銅劒樓所藏舊鈔一卷本卽此書也案舊校本已燬今錢唐丁氏善本書室有勞季言格校正鈔本末有吳門黃丕烈蕘圃氏題云借青雲梯相勘此本盡出其中青雲梯三冊首題至治之音其二冊以下題楊廉夫諸賦首黃金臺終禹穴共二十二篇三冊之下半亦題曰楊廉夫諸賦始八陣圖終飛車共四十五篇蓋二冊中摘取麗則遺音十九篇而割此本首三篇入之其原實合也蕘圃書跋中不及黃說可知蕘圃當時所贈必是副本非其所題之原鈔也青雲梯元時已刻見錢大昕補元史藝文志海甯朱氏當自青雲梯鈔出阮氏謂其未刻亦誤

西湖竹枝詞一卷香籢集一卷

元楊維楨撰原唱九首和者百二十八人集成維楨加以評語仍於諸家姓氏下詳注其平昔出處板行海内陵川和維重刻於天順三年桐鄉馮夢楨亦嘗得一編親自參校刊正譌脫同邑陳宗甫于京復刻於楓橋和維謂三百篇後代各有作蓋發於一時之所遇諸公竹枝之作亦皆發於一時之所遇者豈有古今之殊哉維楨自序謂余閒居西湖者七八年與茅山外史張貞居苕溪郯九成輩爲唱和交水光山色浸沈胸次洗一時尊俎粉黛之習於是乎有竹枝之聲好事者流布南北名人韻士屬和者無慮百家道揚諷諭古人之教廣矣是風一變賢妃貞婦興國顯家而列女傳作矣采風謠者其可忽諸其香奩詩即復古詩集所已收者天一閣范氏絳雲樓錢氏稽瑞樓陳氏所藏明鈔本則皆和維所刻也今

錢唐丁氏復以所藏陵川原槧校刊輯入掌故類編

鐵厓樂府注八卷詠史注八卷逸編注八卷

元楊維楨撰

國朝樓卜瀍注卜瀍著述甚富徐墨汀廷槐序鳳山草廬舉其目至九種二百餘十卷之多艱於貲未付梨棗卒燬於辛壬兵燹此注乃晚年所纂初刻於乾隆甲午年經亂散失其支裔蘊盦孝廉藜然補刊於光緒戊子年其古樂府即吳復所編原本詠史詩編自鐵厓門人顧亮顧編世不多見其行世者爲陳淵止所刊本卜瀍刪其已見吳編者都爲一集其逸編則搜之於各選家而爲古樂府詠史詩所無者也其前四卷皆樂府第五卷題畫詩第六卷五律五排五絕第七卷七律七排而以七絕殿之卷後有卜瀍子汪跋略云先君子注

此編經史子集搜羅殆徧費日力於斯者凡五易寒暑卜瀍自序亦謂庶使讀者披卷了了今繹其注采擇頗詳而蕪雜亦所不免云

光嶽集

元楊維翰撰維翰有藝苑略稗濟錄已著錄此書載萬歷府志今佚

竹齋集三卷續集一卷附錄一卷

元王冕撰冕字元章竹齋其號也事蹟詳列傳明焦竑國史經籍志所著錄僅二卷常熟瞿氏鐵琴銅劍樓所藏舊鈔本作三卷無續集附錄前有劉基序韓性竹齋記張辰宋濂王先生傳後有白圭魏驥駱居敬跋末有名集義者題記不著其姓卷首有璜川吳氏收藏圖記嘉定錢大昕補元史藝文

志所收三卷本當即是書也杭州振綺堂汪氏有明鈔本不著卷數許氏有精鈔一冊大抵皆從楓橋駱氏所刻傳鈔而各有刪節

四庫全書提要所收則駱刻原書也案冕歿後稿多散失其子王周山樵氏輯其存稿藏於家周之孫女王永貞抱此稿以歸楓橋駱氏命其子駱居安居敬再蒐輯雜文合校付刊而永貞手爲點勘後附明呂升所撰王周行狀卷首題曰曾孫壻駱大年輯大年名稌永貞壻也永貞旣與諸子校刊此集而歸善於稌也刻竣命居安具鱣醴告於竹齋之墓而居敬爲之跋集中所載無絕句續集所載畫梅詩則皆七言絕句也

四庫提要謂冕天才縱逸當元明之間要爲作者洵確論也而

以永貞爲晁孫女似尙未見山樵行狀及此集卷首所題曾孫壻駱大年輯一行也嘉慶丁巳晁裔孫王柱公據同邑郭春林所得鮑氏知不足齋舊藏本覆刻越歲而工竣雖亦分作四卷而以駱刻續集畫梅詩附於第四卷之末無雜文行狀前存劉基序非足本也又有嘉慶戊午錢唐朱彭序嘉慶己未郭毓春林序朱序謂元季詩人惟竹齋集與席帽山人王逢梧溪集能不爲時習所囿可謂豪傑之士亦是確論郭序稱鮑以文言此爲足本似當日王刻有所刪節也光緒丁酉邵武徐榦覆刻則王本也

申屠彥德詩一卷

元申屠性撰性字彥德爾中副榜事蹟詳列傳是詩爲崑山顧阿瑛編入玉山草堂雅集計一十四首性幼從浦江黃文

獻淯遊故詩文嚴整有法度嘉定儒學聘爲經師往還皆徑草堂故存詩較多性居邑東花亭鄉草堂雅集以爲餘姚人者誤也楓橋陳氏授經堂有影元鈔草堂本

尙元集

元陳嘉績撰嘉績字繹思官蘭谿州學正事蹟詳列傳嘉績受知於虞文靖得其指授文有師法詩學陶淵明今佚

灌園集

元錢恆撰恆字退庵事蹟詳列傳書載萬歷府志今佚

南雅集

元陳大倫撰大倫有春秋手鏡已著錄書載宋濂所作墓碣今佚

寓軒吟草

元毛倫撰倫字仲庠布衣全塘人寄居江東故題其所居室曰寓軒事蹟詳方伎傳倫鰥後自號牧犢子嘗繪考牧圖又著有牧芔豐三十詠楊鐵厓題詩於卷首詳見雜志詩話類詩集佚傳鈔猶有存者

詠史詩

元鄭賀撰賀有橫溪史鈔已著錄書見維楨西湖竹枝詩集序云自鼎湖訖淸風嶺凡二百餘首今未見

雅齋集

元孟性善撰性善字至道事蹟詳附傳書載萬歷府志今佚

草廬稿

明張辰撰辰字彥暉洪武初以辟召參史局知府唐鐸辟爲郡學訓導事蹟詳列傳稿載隆慶駱志原書未見今散見他

書者尚可輯成一卷

落軒集

明陳韶撰韶字伯善洪武初與其伯父嘉謨同召參史局後官山陰縣學訓導事蹟詳列傳集載宏治府志今佚

白鹿子文集

楊恆撰恆字本初事蹟見本傳方孝孺爲之撰序今未見

鶻突集

明胡澄撰澄字清伯洪武辛亥進士官通許縣知縣書載萬歷府志今佚

東里文集十卷

明趙仁撰仁字仁原事蹟詳列傳學宗濂洛以宋裔義不仕元洪武辛亥始舉進士東里子其自號也書載乾隆縣志今

佚

東里詩集七卷

明趙仁撰中分三集曰歲寒集四卷燕游稿一卷賓松亭稿二卷亦載乾隆縣志今未見

星谿集

明郭斯垕撰斯垕字伯載有政和縣志已著録集載乾隆府志今未見

蜩鳴集

明楊立撰立字大本舊志失傳故事蹟無可考是集見兩浙名賢録今佚

觀光紀行集

錢存源撰存源字達甫事蹟見本傳集未見

羊棗集

明駱象賢撰象賢有篤経易覽已著錄是爲象賢文集象賢與魏文靖驥爲性命交故爲文俱有矩矱

溪園逸稿

明駱象賢撰象賢性好詩一邱一壑十景八景連篇累牘溪園亭書壁詩至十六章亦可謂好事矣其江南春愁曲諸篇則羲皇上人之賦閑情也原刻與羊棗集俱逸今所存駱氏祠堂活字版本乃後人掇拾而成非全書也

梅花百詠一卷

明駱象賢撰和元馮海粟學士子振中峰禪師明本梅花百詠而作也

四庫提要言中峰隨趙松雪謁海粟海粟示以梅花詩七言絶

句百首中峰即席立和末附春字韻七律百首則惟存中峰和詩海粟原唱已佚案海甯別下齋蔣氏藏有王蓮涇聞遠氏孝慈堂書目鈔本載有馮海粟梅花百詠一卷中峰禪師梅花百詠一卷又吳門陸漻聽雲氏佳趣堂書目亦有海粟中峰梅花百詠各一卷今錢唐丁氏善本書室藏有明鈔本海粟梅花百詠一卷附中峰梅花百詠一卷明本錢唐孫氏子居吳山聖水寺故號中峰佳趣堂所藏今不可見蓮涇所藏及善本書室藏本二家七言絕句後附有中峰再和春字韻七律百首而無海粟原唱善本書室所藏爲雲居僧房故物乾隆中進之

四庫館臣據以鈔入全書鈐有翰林院印提要謂海粟七律已佚者即據此本也而象賢五世孫問禮序駱驟三詠梅

花詩乃謂象賢以僧字押學士韻則其時海棠七律詩固猶存也不知佚自何時惜王氏丁氏所藏皆係鈔本無由得元槧本爲之考證也象賢詩亦不能皆工駱氏祠堂有活字印本

三和梅花詩一卷

明駱驗撰驗字前園選貢生官懷遠縣知縣象賢元孫也事蹟詳列傳是集先和象賢詩又次海棠七言絕句又次七律春字韻謂之三詠梅花詩其姪問禮謂溪園以僧字押學士韻而前園公和之者此也駱氏祠堂活字印本附溪園詩後

寫語集

明駱問孝撰問孝字舜傳諸生事蹟詳列傳集見萬一樓集及乾隆樓志今佚

萬一樓集六十一卷外集一卷

明駱問禮撰問禮有諸暨縣志已著錄是集前有山陰朱賡序稱其於學守紫陽之垣塹而仰攻金溪力而且堅於禮擇近古者行於鄉於書無所不窺於文必已出又盛稱其喉論三篇喉論者問禮於嘉靖三年以留京給諫上封事所進者也大指謂政權宜在廟廷在內閣則治亂半入宮闈則未有不亂者故首親聽政次沐中官次令閣臣還備顧問以爲是三者皆出納之要咽喉之司也賡於問禮爲同鄉同僚故獨見其大乾隆四十七年

四庫奏燬書目有問禮萬一樓集二十本故原刻無存今所存者乃其後人所印駱氏祠堂活字本謹案是集並無違礙語不知當時何以搜燬也

續羊棗集九卷

明駱問禮撰問禮五世祖象賢有羊棗集故此編名續羊棗集今有活字板本

南齋集

陳齋撰齋字南齋事蹟見本傳集未見

湖莊詩草

明陳翰英撰翰英齋子有禮記心印已著録是書見餘姚黄巘所撰墓志今佚又著有公餘稿南還稿記遺集載乾隆樓志俱未見

南岡遺集

明陳元魁撰元魁字應文南岡其號也翰英子宏治戊午舉人除五河縣知縣事蹟附齋傳集載乾隆樓志今未見

柏軒遺集二卷

明陳元功撰元功有體古錄進修錄已著錄是書載隆慶縣志今未見

東皋日草一卷

明陳元功撰元功居楓橋之東阪故以東皋名其集乾隆縷志載是集誤作東泉今未見

光裕堂稾八卷

明陳性學撰性學有西臺疏草東藺紀事等書已著錄雲閒陳眉公繼儒曰還沖先生詩格清逸置之初唐大家中莫能辨也一傳而有飲冰再傳而有章侯古之至人得意者其氣有餘能布氣以與人況先生父子祖孫乎飲冰于朝章侯洪綬也集載萬歷府志又著有紫瑛山藏稿亦載萬歷府志俱

未見

豫庵文集

明陳善學撰善學字淵止豫庵其號也萬歷壬子舉人官五河知縣事蹟詳列傳是書未見

自得齋稿四卷

明陳于朝撰于朝有四書簡切講義已著録其爲文有宗旨主先秦而奴六朝與山陰徐渭爲忘年交又與雲間陳繼儒相唱和四明屠隆稱爲文中麟鳳道中貔貅其造詣可知矣今未見

苎蘿山稿一卷

明陳于朝撰于朝嘗讀書苎蘿山之西竺庵是編皆當時作也山陰王季重思任爲之序稱其詠古題今考文徵事悉根

於氣識之正又惜其早世不得盡其材以追蹤古人皆知己之言也

粵游詩二卷

陳胥邕撰胥邕字亢侯諸生于朝子前有胥邕弟洪綬序言此家兄以方伯公名宦事走五千里瘴海盜賊中危疑憂懼而得之者也其詩清新秀麗可歌可詠可刻之以行世吾善斯舉也有三焉夫詩即不清新秀麗但爲方伯名宦事走五千里瘴海盜賊中危疑憂懼而得之者刻之不羞吾輩飽食安居付祖父組豆盛典於罔聞者乎一也又爲方伯公名宦事走五千里瘴海盜賊中危疑憂懼而得之者刻之不大過人之盤樂山水薄遊江湖而得之者乎二也況詩之清新秀麗有不待以方伯公名宦事走五千里瘴海盜賊中危疑憂

懼而得之者以取悉者乎三也集今未見

寶綸堂集十卷附一卷

明陳洪綬撰洪綬字章侯晚號老蓮又號悔遲事蹟詳列傳是集乃其子字所搜輯鐫板行世者也卷首有羅坤胡其毅二序會稽孟遠蕭山毛奇齡秀水朱彝尊傳各一首軼事一帙則周櫟園亮工王漁洋士禎輩評隲洪綬詩文者悉取之凡文四卷詩六卷近會稽董氏有翻刻本末附避亂草一卷據上虞王氏天香閣藏本覆刻前有洪綬自序言避兵鷲峰寺從鷲峰至雲門結茅薄隝得詩一百五十三首殘落强半陶去病祁奕遠奕慶屬朱子穀兒子鶩子集之楓橋陳氏授經堂藏有洪綬手錄稿本乃江藻錢氏來園故物末無避亂詩則爲洪綬手定稿子字所輯存錄以寄王予安是正者其

時尚未輯避亂草也後有錢洪袠跋云先生致予安師書云悔遲雅不以詩鳴兒子鹿頭私將生平所作編次成帙展閱一過可删者十七書長如年山中無可消遣即將鹿頭所編次者删錄呈政知予老見之必有以教正也呵呵是歲予安師設帳於予家之來園尋先生歸道山此稿流落余家者三十年今秋解組歸檢點藏弆得是稿想見兩先生詩酒風流聚首來園小步芳徑村父老莫不以爲神仙中人追溯及之不勝梁木之慟云稿分二卷字逸媚似晚唐老蓮眞蹟人獲其寸楮尺葉珍若拱璧況數萬言之手稿乎核所錄詩與董刻無出入卷面有康熙癸丑春題六十一葉序七頁七字計七頁字數與羅胡二序相當今佚無雜文卷後無軼事蓋洪綬手定稿本祗詩二卷文與軼事鼎革後其子字所補輯付

刻也王予安名豐山陰人與洪綬祁豸佳董瑒王雨謙王作霖魯集羅坤趙甸張遜庵稱雲門十才子

題畫詩一卷

明陳洪綬撰蕭山毛奇齡跋云古有畫詩無題畫詩顔眞卿贈張志和詩五首志和依其詩作人物舟檝煙波鳥魚以答之元後多題畫者沈隱居分題畫詩爲一集老蓮畫多不題閒有題者亦無稿本姜綺季老蓮老友也與晨夕處遇有詩輒記之久得若干首彙爲一卷老蓮死二十二年綺季與予各出游亦不減十四五年友人有請刻老蓮詩者仍付之去世但知老蓮畫不知其詩顧陸雖無詩亦傳況有詩乎惜予與老蓮交晚見老蓮五年而老蓮死乃不及爲詩令老蓮畫之如志和也阮芸臺兩浙輶軒錄亦載此說蓋其時所得只

此一卷當爲洪綬詩最初之本今仍別行

訥齋集

明俞僩撰僩字納齋宣德癸丑進士官南京吏部驗封司主事轉太僕寺丞事蹟附詳其祖軾傳集見允都名教錄今未見

宦游稿歸田稿二卷

明鄭宏撰宏字仲徽歲貢生官南安同知集其居官時所作曰宦游挂冠後所作曰歸田今俱佚

思軒文集

明鄭欽撰欽字敬之思軒其號也成化庚子舉人官湖北澧州知州事蹟詳列傳欽有所造作輒隨時編輯後乃擷其精粹編成此集今佚

南溟存稿

明鄭天鵬撰天鵬有正譌蕪言已著錄南溟天鵬號也是書前有駱問禮序謂其文追蹤唐漢無麤獷孱靡之習問禮又爲其作墓志述天鵬之言曰吾暨詩派楊鐵厓得其華王竹齋得其實華實並茂後必有人蓋以自負云 按天鵬又有蓬萊亭集閩游唱和集北行野操及缶拊鐘鳴炳燭諸集皆著錄萬歷府志稿中所存實拔其尤者其甥樓之望刻今已佚惟鄭氏十二公詩所刻尚存要皆摭拾餘燼非完本中有會李空同瓜州熊樓一詩則與七子相酬和者也天鵬工書凡集皆手書以付刻

湖海採奇集

陳洙撰洙字文淵事蹟見本傳集未見

長河社集

明張肅撰肅字克恭號簡齋景泰庚午舉人官福建莆田縣知縣事蹟詳列傳書載孝感里志今佚

知白堂稿十四卷

明翁溥撰溥字德宏嘉靖己丑進士官至南京刑部尚書事蹟詳列傳

四庫提要云是集乃其門人金元立潘季馴所編凡詩六卷文八卷其中奏疏十五篇乃巡撫江西及爲吏科時所上皆無關大計其餘亦大抵應酬之作

支離集

明翁餘忠撰餘忠字東白溥子官南京左軍都督府都事是集前有駱問禮序餘忠偃蹇諸生以廕得官兩遭放逐歸田

後愈益窮愁寄之吟詠失温柔敦厚之旨故名其集曰支離言不爲世用也駱序則稱其窮而益工詩之工蓋得於支離者爲多後其子裕昆又刻有翁氏遺稿會稽陶望齡序之則問禮作序時是集本未付梓今遺稿亦未見

永思集

明樓守道撰守道字伯風事蹟詳列傳集佚駱問禮集有永思集序一首略云先生以風木之恨觸景遇物必見諸詩不踰年累至成帙名曰永思今未見

永思拾遺四卷

明陳泰階撰泰階字星叔諸生事蹟詳列傳曰拾遺者以同邑樓守道有永思集之刻故名今佚

和蘇集

明酈琥撰琥有彤管遺編已著錄其官績溪主簿時以宋蘇轍嘗官績溪故和其詩而以和蘇名集前有駱問禮徐渭二序駱序謂蘇文定爲績溪時其詩已不讓大歷諸公而元厓所次更出新意徐序則比之蘇文忠之和淵明其推挹至矣

酈范叔詩集

明酈希范撰希范琥子范叔其字也事蹟附詳琥傳集亦駱問禮爲序今佚

來園集

明錢時撰時有四書類編已著錄此其詩文集也又著有琴清堂稿俱見乾隆樓志今佚

江上吟

錢方肅撰方肅事蹟見本傳又撰有古文爭奇集俱未見

文萃堂集

明蔣一鵬撰一鵬字漢沖弱冠游南雍大司馬馮夢禎異之遂著名是書言河漕兵農禮樂制度最詳其詩集曰陸離草今俱佚

蘿月庵集

明余綸撰綸字岸修崇禎癸未進士官福建興化府推官事蹟附詳其父元文傳集佚

點花堂集

明張夜光撰夜光有芸蘿山志已著錄生平喜讀元次山篋中集手校至數十徧蠅頭小字密櫛眉簡故所作詩亦五言爲最擅長又著有北遊草今佚

華州文集

明金江撰江有義烏人物志續敬鄉錄已著錄是集載乾隆府志今未見

傳中黃集六冊

明傅日炯撰日炯字中黃事蹟詳列傳日炯詩向無刻本山陰沈氏小雲巢舊藏有日炯手稿本題籤爲沈霞西復粲所書鈐有小雲巢朱印舊訂作二冊每冊首葉有鳴野山房印今改訂六冊不分卷數其詩多在都門感時抒懷之作彷彿蘇黃丹黃塗乙幾不復辨其行楷蒼勁古樸卒不可掩霞西跋語云是道光戊戌九月借得者又云人稱日炯爲紫湄先生亦志傳所未及庚子秋日購自杭州吉光片羽彌可寶也擬刻以公世

寒厓草堂集

明駱國挺撰國挺字天植僑居鄞縣爲鄞諸生督王監國授兵部職方司主事事蹟詳列傳寓厓者國挺所居精舍名是集見全祖望鮚埼亭集云駱氏來自諸暨無族屬一子一孫相繼卒無後其集亦散失無存者

采薇堂詩集二卷

明陳麗明東城雜記全浙詩話皆失一明字錢唐張道詩話刊誤貞倩名麗明其兄潛夫初名朱明弟名祚明詳見潛夫傳撰麗明字貞倩號正菴陳太僕潛夫仲弟也大梁之役與潛夫開關戎馬思立效以自見國亡後隱迹杭州東城阨窮以終時人稱爲陳高士詩集今未見錢唐厲太鴻東城雜記錄其放言一首雜詩二首喜康侯弟歸二首雜詠二首登後園假山作一首九日一首贈梁仲木一首先兄元倩諱日泣賦一首蒼涼哀怨鄭所南謝皋羽之傳也弟祚明字允

倩著有詩集亦未見

柏樓吟

明孟蘊撰蘊字子温事蹟詳列女傳其父鋋嘗迎蘊歸於宅後巖閒構柏爲樓以處蘊故曰柏樓吟集中疊梅花詩百首以其清節肖已也餘作亦直寫胸臆不事雕飾皆於風化有關今孟氏後裔以活字板印行

諸暨縣志卷四十九終

諸曁縣志卷五十

經籍志

集部

別集類二

大觀堂集二十二卷

國朝余縉撰縉有續保越錄家訓已著錄是集奏議三卷詩七卷詞賦雜文十二卷如河防五策論舟山必不可棄請撤三藩家口復撫臣兵柄及陳民隱嚴保舉諸疏皆天下大計而兩浙利弊數篇尤可坐言起行其詩詞沈雄峭勁商寶意選越風跋其郡齋苦雨詩云家居對雨即以生民困悴爲懷宜其出而臨民爲循吏傳中生色也可謂能見其大矣

心遠堂集

國朝余毓澄撰毓澄字若山縉子康熙壬戌進士官龍陽縣知縣事蹟詳列傳毓澄中年辭官隱居楓溪享林泉之樂者二十年是集載乾隆樓志今佚

東武山房詩文集

國朝余懋杞撰懋杞字鑑匯號瞿庵毓澄姪康熙戊子舉人事蹟詳列傳詩宗漢魏而近體饒有晚唐風味文學南豐晚乃入昌黎之室賀氏經世文編選其文同郡商盤採其詩入越風謂風調不減徐凝高湖余氏自懋杞祖仲紳侍御以下越人供祀詩巢者六人而懋杞又與厲煌思晦傅王露艮木諸先生同列左楹二十四子中可謂盛矣今板已燬舊家猶有藏弆者又著有核舟集藕香草堂集石吟錄俱未見

揖山樓集六卷

國朝余懋棅撰懋棅字舟尹懋杞弟雍正庚戌進士事蹟詳列傳懋棅精於擘究故其文多經術湛深之作集載乾隆樓志今未見

蘿村詩選六卷

國朝余懋棅撰懋棅詩多清適詣遠之作仿之唐人於王孟爲近越人供祀詩巢民選乃其詩集蘿村其別號也今存又著有閒中偶憶未見

石飄文核

國朝余銓撰銓字明臺石飄其號也懋杞子雍正壬子舉人事蹟詳列傳銓文逡巡於韓歐之間其精詣則有漢魏人規範座主王無錫華希閔奇賞之今板燬輯入他人著述者猶可掇拾成編

石驪詩選七卷

國朝余銓撰銓詩凡三變少學溫李中年仿王孟後出入於香山眉山皆得其具體不名一家越人供祀詩巢是刻分體選存前三卷古體後三卷今體板燬故家俱有藏本

嘉樹樓詩鈔四卷

國朝余文儀撰文儀字叔子銓弟乾隆丁巳進士官至刑部尚書事蹟詳列傳是集前有武陵朱景英序稱卷中紀　恩遇陳友誼繪民隱敘天倫與夫符節所經性情所寄胥於是繫焉可謂是書實錄雨村詩話稱其郡齋雜詠一聯全浙詩話稱其立春詩一聯猶零金斷縑也至漚簃詩話所載之次屈悔翁韻絹山農婦雙卿詩則又陶令之閒情矣越人供祀詩巢

楓溪詩集二十卷

國朝余懋檣撰懋檣字荆帆楓溪其別號也懋杞從弟諸生事蹟詳列傳懋檣少負逸才尤好爲詩足迹半天下所造益深平生詩集數十卷遴存其尤者統名曰楓溪集越人供祀詩巢同郡商盤採其詩入越風推挹甚至

瓠樽詩文集六卷

國朝余斌撰斌字瓠樽乾隆丙辰舉人事蹟詳列傳斌交遊多名流性傲不可一世詩文筆亦如之板燬故家猶有存本云

小蓮客遊詩一卷

國朝陳字撰字字無名洪綬子事蹟詳列傳字承父志絕意進取善書畫工詩文不自存稿論者稱其行事不辱其父今讀其詩任眞自得亦不墮家聲矣

白怡集一卷

國朝駱啟明撰啟明字念庵順治丙戌舉人事蹟詳列傳生平著述甚富有開遂歸正集長安懷古詩甘露亭八景詩雁字十三章逍遙吟雪中吟金臺吟鳳翔吟溫泉吟課士卮言七鑑小引凡若干卷郭肇詩存小序云猶及見逍遙吟雪中吟金臺吟課士卮言七鑑小引等書今已俱佚搜索諸選家僅得此卷仍題名白怡集

五雲詩文集

國朝楊學泗撰學泗有羲經講義等書已著錄集載乾隆府志

又載有越騷一卷今俱佚

思補堂集十卷

國朝陳可畏撰可畏有西臺疏草已著錄是集載浙江通志乾

隆府志又著有三山放言八卷通志府志亦載之今俱未見

桐蔭堂詩鈔

國朝駱復旦撰復旦字叔夜山陰籍拔貢生事蹟詳列傳越人佚祀詩巢毛奇齡越郡詩選商盤越風阮元兩浙輶軒錄選其詩最多奇齡稱其五古直追延安流逸處尤近陳思盤則稱其近體詩不落宋元以下最上沈雄次亦清遠是集載乾隆府志又著有山雨樓詩鈔至樂堂詩鈔俱未見

百歲老人快哉集

國朝蔣爾璠撰爾璠字魯傳年逾百歲性耽吟詠至老不輟著是集蕭山來集之同邑余懋杞爲之序

百梅草堂詩文集

國朝蔣宣奇撰宣奇字永公晚號敬齋爾琇孫康熙辛卯舉人

事蹟詳列傳官奇少與中表余鑑匯相切劘山陰宋氏柳亭詩話採其詩推服甚至又著有敬齋文稿俱未見

蒼源賸草十卷附錄一卷

國朝馮夢祖撰夢祖有二孟枝言已著錄是編則詩文稿也蕭山毛西河奇齡稱爲著作之雄今讀其詩立篇命意多高峻而措辭尚與澀交亦崛强不肯作平庸語稱之爲雄亦非溢美前三卷詩文詞各以類編第四卷題曰叢訶則雜文也附自祭文一首自題小像一首皆奇恣可喜第五卷以下每卷詩文雜編蓋隨年續刻者附錄一卷則交游投贈之作惟五卷附刊馮元中三婦豔馮泗五雜組田瞻民馮九成永宅銘殊非體製傳稱其晚年著雲樵外集七卷燬於火又有韻律辨閑非錄夜倘四嘯闡中鍵若干卷俱佚

綠野莊詩稿九卷

國朝馮至撰至夢祖元孫有森齋彙稿已著錄此編其生平古近體詩曰無雙譜自秦始皇迄明莊烈帝共四十三人曰蒼雲詩稿曰海上詩存曰玉環詩選曰入粵詩草曰朔南詩彙曰家園詩拾分上下卷曰寥寥遺音大率隨其時地即爲編輯前有洩莊周桐序稱其善屬文而以餘力爲詩一邱一壑具有遠致蓋文人之詩也蓋推崇其文而詩則次乘也然集中如盤古廟云五夜推先覺三皇屬後昆南高峰云西天鷲影雲林寺東海帆聲日本船皆能步趨蘇陸不得盡謂非詩人之詩矣越人供祀詩集

文乘遺稿

國朝酈祖仁撰祖仁字蒼野文乘其號也康熙甲戌進士官應

山縣知縣其文汪洋譎恣神似昌黎詩不假雕琢自饒丰韻卒後十餘年其同年汪漋督學兩浙爲刻此稿今未見

受甕堂詩集

國朝章平事撰平事有諸暨縣志已著錄同郡商盤輯平事詩入越風稱詠物别有寄託是少陵家法又跋其陳老農詩云竟體古質如讀儲王田家詩越人供祀詩巢又著有懶石齋文稿俱未見

思親百詠一卷

國朝許嘉撰嘉字士奇諸生事蹟詳列傳嘉性至孝前後廬墓六年成思親百詠見樓志今未見

壽太史詩集

國朝壽致潤撰致潤字雨六康熙丙戌進士官翰林院檢討事

蹟詳列傳致潤詩雖根柢未深而蒼潤典核亦足掉鞅一時

同郡商盤採入越風越人供祀詩巢集未見

銅官雜詠

國朝毛鉦撰鉦著有大中講義論語章句已著錄是集爲其知

四川蒲江縣時所作故名曰銅官雜詠今未見

盧南文稿二卷

國朝魏夏撰夏有五經疑問已著錄夏與同邑駱炎號越中二

雋然皆不遇時比之方干稿佚

一經堂詩草一卷

國朝錢廷策撰廷策字遠工諸生是編前有金沙蔣虎臣序謂

其詩詮理能窮其奧敘幽能洞其微實而不俚華而不纖今

讀其詩不規規唐宋而眞摯幽雋自有佳趣洵一時作者也

螢窗集

國朝趙式撰式字去非諸生傳稱其善屬文詩存收其四絕句謂其風韻如并翦哀梨色色爽人其螢窗集雖不可得見嘗鼎一臠可知全味則在當時已散佚矣

未信草詩十卷

國朝姚文翰撰文翰字愧庵諸生事蹟詳列傳蕭山王宗炎爲之傳今未見舊志本傳則稱文翰著未信文稾五卷苕塘居詩稾十卷亦無從訂正

制禮百詠

國朝酈祖桓撰祖桓有毛詩集解已著錄書載乾隆府志今佚

桐竹廬思親詩一卷

國朝郭世勳撰世勳有諸暨賢達傳已著錄集載乾隆府志今

未見

思霞詩草

國朝周茂樞撰茂樞字賢美事蹟詳列傳其詩收兩浙輶軒錄今未見

稼堂漫存稿

國朝湯聘撰聘字莘來稼堂其號也事蹟詳列傳錢唐袁枚嘗採其詩入隨園詩話謂風調酷似中唐越人供祀詩巢今未見

莫庵詩近五卷詞一卷

國朝傅學沆撰學沆有猶賢錄已著錄此書前有傅王露序稱其以王孟高岑爲宗出入於二李二杜豔不傷靡健不流僻未敢上擬唐人其於明初四家洪正七子不啻升堂入室同

郡商盤選其詩入越風謂清麗諧婉在開元大曆之閒案列傳稱其著莧庵詩近四卷江東小草一卷是本詩五卷則所謂江東小草者已合刻矣末附詞一卷亦諧適可誦越人供祀詩巢

知非集十卷

國朝錢日布撰日布有大中條貫已著錄日布制義名噪一時詩文亦恪守唐賢矩矱山陰徐廷槐滄安方築如盛推其文而商盤寶意則採其詩入越風越人供祀詩巢集未見

滋禾草堂集

國朝楊如瑶撰如瑶著五經說三史辨疑與此集皆載乾隆府志今俱未見

果亭詩鈔

國朝虞廷鳳撰廷鳳字杲亭諸生事蹟詳列傳廷鳳窮愁著述所作艮牯吟傳誦一時剡川商盤選入越風越人供其主於詩巢詩鈔未見

養浩軒文集

國朝楊有慶撰有慶有詩序闡眞已著錄此則文集也載乾隆府志今未見

秋暉樓集八卷

國朝陳芝圖撰芝圖原名法乾字月泉廩生事蹟詳列傳郭肇詩存謂其近體宗玉谿生古體學李長吉能得其神似生平懷才不遇亦略同二李邑中能詩者山農鐵厓以後此其嗣音也袁枚隨園詩話謂近人起句以芝圖舟中詩夜起對江月滿船聞睡聲十字爲最佳則買櫝還珠矣其實芝圖古體

兼有昌黎昌谷之長其尤精者則逼眞謝宣城阮步兵近體落大歷以下蓋其次乘也越人祔祀芝圖於詩巢配饗唐賀監以下六君子與黄宗羲太沖毛奇齡西河胡天游稚威諸君子同稱二十六子亦推崇之至矣芝圖嘗主講閩中故此集刻於閩今未見

丹棘園詩一卷

國朝陳芝圖撰郭毓輯毓從芝圖受詩法交最久擇其尤者爲此卷與山陰劉鳴玉梅芝館會稽童鈺抱影廬詩合刻題曰越中三子詩前有金補山九成王弇山霖沈梅史冰壺三序及郭毓序金序謂高處在元和大歷而上次亦有北宋風格閒有似鐵厓者才人固無所不可未肯沾染秀野堂選集餘波也雖總論三子實則惟芝圖可當此語二子固不及也

帶山堂詩文集十二卷

國朝郭毓撰毓字春林別字又春自號紫石山人諸生事蹟詳列傳毓獲交於芝圃始工詩即見賞於王霖弇山商盤寶意詩名隆起出游楚粵所至與名流唱和歸家杜門撰述造詣益深耕越中三子詩甫跋以示沈徵君冰壺徵君歎曰三子者誠善若增一非郭誰耶其爲名流所推如此與芝圃並祔祀於詩巢位在邵無恙之下宗靜軒之上其文多論史之作序傳碑銘則震川之嫡派也稿爲山陰宗知府聖垣攜赴廣東未刻而宗歿今不可復見矣

山居稿二卷續稿二卷

國朝郭毓撰毓詩雖不及丹棘園較之梅芝館抱影廬則伯仲也沈徵君之論並非虛譽續稿則其晚年所得者郭肇詩存

小傳謂稿中諸作疏通有餘矜貴絕少未免强弩之末然老杜入夔州後詩論者亦謂其多頹唐之筆究非餘子所能學步商寶意謂其有色澤有力量瓣香浣花非虛譽也

七情賦一卷

國朝郭毓撰見葉敬所撰墓志今未見

醉春吟稿二卷

國朝楊垂撰垂有周易補義已著錄此其詩稿也垂與陳月泉芝圖郭又春毓爲莫逆交故詩有師法越人供祀詩巢稿未見

學福齋詩鈔八卷

國朝張之杰撰之杰字小陶受詩法於郭毓長於近體初分搜錦倚枝看雲省過惜遲雞肋等集後合爲此編

畬經遺集

國朝王紹典撰紹典字畬經乾隆戊子舉人剡川商寶意盤選其詩入越風越人供祀詩巢集未見

月槎詩稿十六卷

國朝王海觀撰海觀字見滄月槎其號也紹典子嘉慶巳巳進士官至信陽州知州事蹟詳列傳傳稱其公餘留意纂述與會稽宗侍御稷辰友善又與山陰杜尺莊煦沈霞西復粲東陽程椿鄂杼等九人爲龍山九老交遊閒頗有淵源稿未見

磬山文稿

國朝蔣其泳撰其泳有五經析義已著錄是稿載道光府志今未見

燼餘文集

國朝石作硯撰作硯有孟子餰鈔已著錄是集前有浦江戴聰序謂歸震川嘗恨足迹不出里門無奇節偉行可紀燼餘匏繫一館以諸生老可謂足迹不出里門者矣所存僅什之一二而事必關乎倫紀言必衷諸經傳今讀其書大率邑中故實而一時所謂奇節偉行多賴之以傳可存也

古文雜著上下二卷

國朝章陶撰陶有季漢書已著錄此編則爲其從孫志楷所梓大半皆閭閈家傳序跋之作其行文亦頗浩瀚好以浮屠家言助談資而自喜特甚篇後多同邑張廉評語勤謂龍門昌黎之後數百年無此作今觀其體例未免有一二沿譌予人以可議處然究其實要皆由於司編校者之疏忽所致而其名儒之光氣自不可掩且鄉邦文獻多資考徵宜其傳也

心田遺草二卷

國朝徐愷撰愷字虞堯一字心田諸生是編由守梅山房傅氏收拾叢殘而得中如題鍾馗輓筠谷諸篇卓然可傳同邑周績堂熙霞山稾徐心臺毉松岡集樓安富深霞軒詞許葵圃煜閉餘草類皆以科名不顯珠遺滄海不獨愷一人而已

蒓塘學古錄一卷

國朝趙裕撰裕字瓠園諸生與浦江戴東珊殿泗爲中表戚得切磋之益同邑呂大山鴻緒以詩古文詞名一時奇裕文以女弟歸之一時老宿多折節訂忘年交師友之閒頗有淵源故其文敘述有法度是編爲歿後同族門人宸楓所編次祗三十餘首前有戴殿泗序盛稱其文筆而惜其局於見聞無磊落奇偉之節以快其議論亦知已之言也後有同邑趙白

魚機跋

閩遊政草

國朝壽同春撰同春名星以字行遊幕閩中殉林爽文之難䘏贈知縣銜事蹟詳列傳是草則佐治之言也

芝厓詩集

國朝壽同春撰同春又字芝厓遂以名集其難中諸作傳誦一時操選政者多採之不特存其詩兼以人重也

梅垞詩鈔四卷

國朝蔣爕撰爕字調元梅垞其號也乾隆壬子舉人官義烏縣學教諭事蹟詳列傳是編分四集曰田園集曰北遊草曰梧蒼集曰綢州集皆隨其時地編輯者其詩多遣興感懷之詞

鹿觡隨鈔映雪堂詩鈔

國朝孫襄撰襄字夏佐貢生兩浙輶軒錄採其詩今未見

瓜田賸草一卷

國朝孫克基撰克基字劭太晚號瓜田老人歲貢生事蹟詳列傳其近體詩風格遒上擬古樂府俱有韻度乾隆以後吾邑詩人之傑出者也

問花山房詩草二卷

國朝魏崇简撰崇简字拙甫諸生事蹟詳列傳平生醉心小倉山房然自有矩矱故清而不雜如膾鱸者必以薑治蓴者必以豉縱之由彼操之在我也且其孤懷高寄言必有物亦足以覘所養矣

亦在吟一卷

國朝壽文斗撰文斗字映南諸生事蹟見列傳詩學康節不屑

規規唐宋阮文達採入輶軒錄其所著寸心草則文集也俱未見

梅坡詩鈔二卷

國朝壽逵一撰逵一字達夫梅坡其號也諸生文斗子是集爲其門人葛玉書所刊前有自序後有其門人趙機及葛玉書跋其詩多家庭之言始於有烏在林終於爲兒娶婦中年後疊遭慘傷年近古稀始獲一丁卒克見其成立集中如瘥無可郤天方薦病莫能興命固窮終年患飢餅常罄比屋貧如德有鄰清況可掬貧而能樂庶幾得性情之正

自鳴詩草二卷

國朝壽于敏撰于敏字春亭文斗孫嘉慶庚午舉人官湯溪縣學教諭詩學宋人如石湖小景一覽易了其五言如靜室云

噤聲貓捕鼠拳足鷺窺魚少年行云酒濃風細細花發雨纖纖七言如重陽云作客無愁逢令節依人未便說眞年皆可誦又有古文見斑錄未梓已佚

錦堂集十卷

國朝邊朝京撰朝京字王賓錦堂其號也是集同邑張志齡跋謂其一生所著古今體詩最富弱冠著孺話集六卷邊秋厓學士繼祖序之中年著拙遲集六卷袁簡齋太史枚趙銀槎進士杭序之晚著擷英集六卷厲星橋太守宗泰序之七十以外手訂諸集刪存十卷戴可亭學士均元序之今檢諸序悉載卷首袁序云昔遊具區邊遊戎勉齋殷勤款洽出其從弟錦堂孺話集見示風神秀徹倘隨園詩話未付剞劂集中佳句可采甚夥案小倉山房詩集有登縹緲峰及太湖歸舟

遇雨詩在乾隆四十四年而隨園詩話補遺終於嘉慶元年序所云云或疑其贋且序中如廟堂宜沈宋風月宜王孟及詩人之傳惟王侯將相爲最易次則閨秀方外而已諸語皆詩話中常談豈亦剽竊而成者與由此而推邊顧諸序未必非贋託也詩無格律而邑南風俗勝蹟頗可資以考證

十明詩草一卷

國朝趙蘭撰蘭字芳谷諸生兩浙輶軒錄采其詩今未見

蓼坡詩草

國朝蔡本莪撰蓼坡莪字也歲貢生兩浙輶軒錄采其詩今未見

白鶴山房詩草

國朝陳勳撰勳字思陶副貢生兩浙輶軒錄采其詩今未見

冉村詩草二卷

國朝陳思湄撰思湄字巨沅冉村其號也諸生其詩擅長近體當其妙處情景俱融造語之佳不徒格調輕圓而已阮文達選其詩入輶軒錄

月門詩文集六卷

國朝馬以智撰以智字貞一諸生弟以棻亦能詩阮文達元皆選入兩浙輶軒錄

西巖詩草

國朝周二監撰二監字姬撰諸生事蹟詳列傳其詩採入商盤越風稱其嶔奇磊落得青蓮之遺越人供祀詩巢

振文詩鈔

國朝楊文振撰文振字振文布衣鐵厓先生族裔也其秋夜雜

感詩曰萬卷樓高臥一編青緗遺業媿當年劒矛頭上炊羹飯豺虎叢閒對聖賢江路維舟空罵鬼海天吹笛學飛仙祗應楚客悲愁句譜入軒皇五十絃不媿鐵厓嗣響剡川商盤選入越風越人供祀詩巢詩鈔未見

雪曉遺稿

國朝斯山撰山初名瑨字法乾雪曉其號也其詩如醉多閒謔歸常悔讀罷奇書夢亦癡得佳名山僧亦佛偶來佳境客皆仙綠陰一路隨谿轉黃鳥雙飛避客過皆能步武宋人中年逝世一時惋惜

南郿詩鈔

國朝陳維垓撰維垓字卓巖廩生嘉慶戊辰賜翰林院檢討事蹟詳列傳此鈔不分卷數分初刻二刻三刻

四刻五刻六刻前有蕭山王宗炎序

偶然室吟草

國朝周森撰森字蕙若與從弟棫同舉於鄉官龍游縣學教諭詩工近體其五言如定海云腥風魚市賤鹹霧竈人黳題畫云黛濃山影重樹健石根浮七言如詠簾云春風邪上銷魂地暮雨西山送客心皆工雅有格律

未庵詩文稿

國朝周棫撰棫字敬之未庵其號也道光丙戌進士歷官直隸南宫玉田知縣後就教爲嘉興府學教授事蹟詳列傳周氏兄弟皆有詩才當推棫爲白眉

香草齋吟稿

國朝周本撰本字春軒諸生棫弟與同邑詩人姚椿林儕相友

蓋亦有聲於時

健庵詩存八卷

國朝周乃大撰健庵其字也咸豐辛亥舉人署直隸霸州知州蹭蹬宦途歷官皆權攝有宮怨一絶云監宮排比鴛鴦牒取次方將近紫宸又報平陽公主入紅箋袖裏進佳人可以怨矣

寶帚詩略二卷

國朝周惺然撰惺然字篤甫拔貢生歷署山西朔平甯武潞安知府事蹟詳列傳惺然工於填詞詩則次乘也

十三槳蟫廬詩稿

國朝酈依仁撰依仁字伊人諸生詩情清麗如其爲人酷好袁枚詩故風情特肖

是程堂集十四卷

國朝屠倬撰倬字孟昭有周易大義已著録是編前有儀徵阮元錢唐吳錫麒漢軍法式善仁和馬履泰吳江郭麐海昌查初揆諸序皆推崇備至阮序謂予於浙西見文筆三曰陳白雲曰查伯葵曰屠孟昭孟昭學於白雲而友於伯葵故風骨文采出於其閒法序謂郭頻伽詩清雄查梅史詩瑰麗琴隖年減於二君而所爲詩勿減又謂吾友吳玉松侍御詩人也見屠君作曰押韻確當用事眞切無意求工人皆弗及斯爲極詣馬序謂其未嘗不雕繪滿目而瀟疏雅澹之趣自流溢於簡外其爲當時名流推服如此案倬精於八法詩亦疏淡閒適一時擬之摩詰詩佛其集中還越十八首不減輞川諸作諸序所云洵非夸詞

松庵詩文集

國朝屠秉撰秉字伯修倬子能世其學其初有盟山堂初集之刻仁和胡書農敬序之稱其襲宋家雞呈材天驥敦本茂實即流窮源其造詣略可知矣

搴香吟館稿二卷

國朝姚儞撰儞字春林諸生事蹟詳列傳與同邑葉去病敬程理堂燮陳述亭廷模稱莫逆交儞歿後廷模爲梓其遺稿而葉敬程燮序之其所爲詩溫潤縝密無獷悍之氣無噍殺之音閒爲側豔體纏綿遒峭人以擬陶潛閒情云越人供祀詩巢

樹萱堂集

國朝葉敬撰敬有雲和縣志已著錄敬博綜羣籍學有原本久

客京師爲時推重晚年骨月多憾遺稿悉投於火故傳者絕少詩宗少陵而能脱去蹊徑同里郭壁編詩存訪求得二十餘首要非其至詣也文尤入唐人之室今僅存傳記數篇案張孝達之洞書目答問列敬於小學家可知生平著述多不爲鄉里所知又不僅區區詩文散佚而已

白魚堂集

國朝趙機撰機字春臺晚號白魚老人事蹟詳列傳機天賦超妙學有根柢文力追前漢詩獺香宋人別饒氣韻此集傳曉淵司馬振海曾乞德清俞太史樾鑒定太史深加稱賞且其生平篤厚謙和粹然儒者若僅以文人之文視之淺矣

嫏嬛館吟草

國朝吳樹壇撰樹壇字益高事蹟詳列傳其詩流麗典雅長於

言情嘗與山陰王濬相唱和故詩有師法

日愼軒詩文集

國朝吳燕撰燕樹增孫有勦匪膽說已著錄其詩多感慨時事之作文多就見聞所及爲之計較利害嘗因唐杜牧罪言著續罪言一篇今原集已燬傳在人口者猶足成帙

寓庸室詩一卷

國朝余坤撰坤有小坡芻議已著錄此卷皆坤官京師時舊作手錄成帙眉簡有上元梅伯言曾亮手評數十條有曰深婉工雅似義山然義山使事能如此卻亦不多又曰潛氣內轉餘味曲包所謂深美者也此二字古人惟義山能之又曰使事不須自注人已了然明人惟青邱黃門能之此又義山之諍臣也蓋坤酷嗜義山其於玉溪生集固已得其神髓矣嘗

論吾邑詩人鐵厓元章老蓮而後乾嘉以前惟得一陳月泉其次則傅太沖然太沖之才魄不及月泉遠矣嘉道以下則以坤執牛耳而輔之以駱東溪壽眉生庶樹幟騷壇而無愧色暇擬輯此集與陳月泉丹棘園詩駱東溪集眉生守經堂詩鈔爲一編題曰諸暨四家詩以行世卷末附文二篇則皇甫持正孫可之之嫡派也

默存錄一卷

國朝余坤撰坤詩初學玉溪生晚壹意學涪翁是卷爲坤出守雅州後所作後半與新城陳懿叔廣尊昆弟酬唱則罷官以後之詩也詩律之細與年俱進較寓庸室所著錄更爲無上乘矣明眼人自能辨之

東溪集四卷

國朝駱衛城撰衛城字東溪廪生事蹟詳列傳讀書警敏有妙悟慨然有撰述之志古文學皇甫湜劉蛻多險詰懸解雖名通雋者無以過也其說經諸篇尤鏗鏗有執非餖飣家所能夢見壯遊京師五應順天試不售其爲文悍鷙幽險務以自快不屑合有司程度旣屢黜而生平所奴視者多速化以去鬱鬱憤死於京邸同邑余小坡坤爲刊其遺集得文三卷詩一卷平定張穆爲之序板燬京師廠肆尚有存書可購

守經堂詩鈔十卷詩餘一卷

國朝壽僑撰僑原名鳳庚字子家號眉生道光甲辰舉人事蹟詳列傳此集分蒙求草一卷北遊草二卷西行草三卷續北遊草一卷東歸草一卷投閒草二卷末附詞一卷凡十二調十九闋附錄陽湖馮翊淚淘沙一首前有張蘭沚澧中序僑

鄉試座主也謂僑詩得力於憂患者居多直隸王蔭昌鄞縣徐樹棟仁和譚獻評語三則獻則學詩於僑者也謂僑詩如幽并健兒臂鷹牽犬盤辟自豪師生之間相得有素之論也又有杭州胡珵等題詞十七首同邑馮湛吳燕二跋吳跋稱其詞追蹤玉田送駱東溪二闋直摩壘迦陵抗手清容亦確論也

大梅山館全集

國朝姚燮撰燮字梅伯號復莊鎮海籍道光甲午舉人事蹟詳列傳是編凡復莊詩問三十二卷駢體文榷八卷駢體文榷二編八卷散駢文酌十二卷疏影樓詞五卷息園雜纂八卷苦海航樂府二卷西湖櫂歌二卷鄞縣徐樹棟評其著述駢文第一詩次之填詞又次之餘所横溢皆可觀傳人也

函雅堂詩集

國朝郭鳳沼撰鳳沼著有楚詞注解已著錄鳳沼晚年遭家難故其詩窮而益工其五律清閒超雅直到王孟勝境集未見邑人所錄存者猶可掇輯成編

十六國宮詞一卷

國朝郭鳳沼撰是書仿三家宮詞而作較之錢唐厲太鴻諸人所著吳越雜事詩則伯仲也

諸暨青梅詞并注一卷

國朝郭鳳沼撰採一邑山川名蹟村莊俗諺文獻風俗物產歌謠著青梅詞一百首復自爲注單刻行世於鄉邦故典搜輯無遺詩亦雋雅無俗韻亦古人竹枝柳枝之遺意也

暨陽風俗賦并注一卷

國朝石昭炳撰昭炳字酉山諸生是賦仿會稽風俗賦體裁鄉邦故實自爲之注多錯誤不可據

警枕集

國朝駱文蔚撰文蔚字越樵咸豐壬子進士官刑部員外郎稿存其家未見

東埭文鈔四卷

國朝郭肇撰肇字復亭仁和籍歲貢生事蹟詳列傳是集前有仁和譚獻序稱其留心鄉邦文獻推挹甚至

東埭詩鈔十卷

國朝郭肇撰肇居邑之東沙埭故以東埭名其集自號曰東埭居士是集亦譚獻爲之序稱其能守唐人家法今核其詩古體摹擬多未能神似近體則劒南遺派也

半情居遺稿九卷

國朝酈滋德撰滋德字黃芝事蹟附郭鳳沼傳隱居浣溪絕意進取專肆力於詩古文詞而尤工於詩同里郭肇謂吾鄉自傳莫庵陳月泉後此爲嗣音識者許爲知音其駢散文亦綽有風骨詩餘規仿姜張取法乎上

青弋江廬詩稿十一卷

國朝酈青照撰青照號藜生廩生滋德弟初授詩法於其兄而性情格調絕不相類是編末一卷爲鴛湖櫂歌絕句百首則其遊禾中所作也

野花草堂文稿三卷詩稿五十卷

國朝傅墨林撰墨林有諸暨縣志補訂已著錄是稿存其從姪傳拔貢振海家前有仁和譚獻序光緒癸卯振海精選與諸

生傳炘梅溪傳巖雪香傳炳南竹友遺詩刻入同聲集

蒙園存草二卷

國朝傅克莊撰克莊字子周諸生是編由其族姪振海重輯德清俞樾鑒定臨海章梫跋兩浙輶軒續錄謂其負才不偶兵燹後遺稾多佚斷句如遣興云詩將酒比都嫌薄草當花看不礙多輓趙靜淵云逝如歸去君原達信自飛來我尚疑嘲柳云不嫌多露頻偷眼偶見東風便折腰皆清新可誦子紹愔字遜卮邑廩生著有藍田詩草一卷採入兩浙輶軒續錄姪寶基尚皜寶基字酩薌諸生著有詠菊詩一卷尚皜字江秋著有江秋吟草二卷其家學可想矣

梅嶺遺稾二卷

國朝傅岱撰岱字江峰諸生是稾由其子振海編錄前有仁和

譚獻墓誌銘見復堂文續德清俞樾傳見曲園全集後有俞跋刻入潘嶧琴學使衍桐兩浙輶軒續錄

辟蠹軒詩稾四卷

國朝傅夢夏撰夢夏字華川諸生是稾經其從弟振海重編請仁和譚仲修大令獻刪定徐花農侍郎琪作序中多警句如新竹能招客凡花亦笑人枯崖緣木過迷路認花回事肯喫虧眞學問身能安拙是聰明草因有色還相賞花果能香不在名皆獨寫性靈爲侍郎所推許

存眞詩鈔二卷

國朝傅振湘撰振湘字湘秋諸生是編光緒乙巳刻於吳門前有德清俞樾仁和徐琪序後有孫檢討廷翰跋俞序已入文徵徐序謂其不事雕琢有因物付物之妙孫跋名章雋句開

卷即是七律尤為警策破體詩有未經人道語亦奇作也

筠孫詩存二卷

國朝駱元邃撰元邃原名葆慶字筠孫同治丁卯舉人官青田縣學教諭元邃詩稿甚多不事收拾歿後輯成得二卷又工駢文著有更生庵駢文鈔稿俱存其家

徐都講詩一卷

國朝徐昭華撰昭華楓橋諸生駱襄錦提要作加采襄錦字也妻也事蹟詳列女傳父咸清與毛奇齡善奇齡暮年里居昭華從之學詩稱女弟子故有都講之目是集即奇齡所點定附刻西河集中者也

皇朝文獻通考四庫書目皆收之

花間集二卷

國朝徐昭華撰今未見

鳳凰于飛樓集一卷

國朝徐昭華撰昭華所著花閒集板久燬其徐都講詩附刻毛西河集無單行本咸豐年間楓橋駱啟泰輯爲是卷與何九娘胡石蘭詩合刻總題曰浣香閣遺稿鳳凰于飛樓者昭華歸駱氏所居室九娘石蘭皆駱氏閨秀也啟泰字復堂昭華夫襄錦之族孫後改名新泰

石蘭集一卷

國朝胡愼儀撰愼儀字采齋楓橋諸生駱烜妻山陰胡天游稚威從妹也事蹟詳列女傳商寶意越風采其詩稱其意境開闊儼然少陵蔣心餘太史愼儀序表弟也謂其詩如光風蘭蕙舒卷自如兼工詩餘姿致楚楚在金荃蘭畹閒早寡節孝

之氣時流溢楮墨閒女思慧亦工詩是集刻於京師思慧壻洪洞劉侍御秉恬爲之撰序

寫經軒詩一卷

國朝陳道蘊撰道蘊老蓮先生女也事蹟詳列女傳道蘊母爲蕭山來方伯斯行女繼母韓孺人俱工吟詠道蘊幼承閨訓又與父妾胡淨鬘講究六法遂以詩畫擅名越中卒後其弟字爲刋其遺詩一卷歸其版於其壻家今未見

碧霞軒詩稿一卷附一卷

國朝傅蕙撰蕙字湘蘋湄池傳學士棠女歸店口諸生陳寬事蹟見列女傳早卒寬爲輯其遺稿後燬於兵近搜輯得數章非其佳構也寬續娶同邑雅州知府余坤女亦工詩畫稿刻碧霞軒後今佚

金竹山房詩鈔一卷

國朝張玉汝撰玉汝字幼嘉歸楓橋諸生朱爾田事蹟詳列女傳玉汝詩多蔥倩芊麗之作其春草諸篇則直入劍南之室邑中名媛徐昭華陳道蘊胡石蘭而後玉汝其嗣音也郭肇詩存謂其出語蔥倩且臻自然閨中得此雋才足令鬚眉卻步

總集類

塤篪小稿

元胡一中與弟一貞唱酬之作取伯氏吹塤仲氏吹篪之義今佚

敦交集一卷

元王冕陳士奎與永嘉李孝先天台朱右諸名士相酬唱於

上虞魏壽延筠孫軒者也晃有竹齋集已著録士奎字起章
全堂人文名與晃埒是集載蕭山毛奇齡西河文集今未見

十景賡音

明趙仁輯仁作賓松亭於龜山之巔招二三同志追尋仙蹤
命爲十題日與唱和積文成帙今原書已燬其原唱一及張世
昌胡學和章多載詩存仁有東里詩文集已著録世昌字叔
京諸山鄉人學十都人一中從子皆有詩名其題曰長山曰
苧蘿山曰朱太守祠曰靈女臺曰孝感山曰五洩山曰雞冠
山曰鼓吹峰曰玉京洞曰家公隄皆邑中勝蹟也

五洩聯吟集一卷

明陳心學輯山陰徐渭遊五洩道楓橋主心學與駱意家三
人聯吟得數十章心學輯爲此集今佚傳鈔猶有存詩心學

諸生方伯陳性學從弟也

學圃得表忠觀碑紀事詩一卷

國朝余懋棅撰懋棅有蘿村詩選已著錄是編則其爲杭州府學教授時於學圃得斷碑二蘇文忠軾表忠觀原碑也遂作詩紀之一時和者甚衆前有魯秋塍曾煜序又懋棅自序自原唱外得古今體詩三十四首作者自仁和趙魏晉齋錢唐厲鶚太鴻以下數十人皆一時知名士也

浙水詩故三十七卷

國朝郭毓撰毓有帶山堂集山居稿已著錄是書始蘭亭終月泉極爲詳覈手稿存南城葛氏咸豐辛酉燬於兵

別裁訂譌一卷

國朝郭毓撰毓以沈文慤別裁小箋多譌爲之訂正數十條今

書未見

鳳山唱和集一卷

國朝吳樹增輯樹增有鄉嬛館吟草已著錄此與山陰王濬唱和之作也

五洩紀遊詩合刻一卷

國朝周桐輯桐字洩莊副貢生事蹟詳列傳是編前有王衍梅笠舫陳石麟寶摩二序笠舫不同遊而有紀遊詩三首寶摩十三首言九經誠齋一首紀珩初眞十五首周師濂又溪十七首周氏昆季皆寶摩弟子也洩莊得詩十二首周本春軒十一首程燮理堂八首戴殿浩研南三首周栻小蓮七首周植抱雲八首其詩刊於嘉慶己巳亦極勝遊之樂矣

是程堂唱和投贈集二十五卷

國朝屠倬編倬有是程堂集已著錄此則集其師友唱和投贈之作也前有胡書農敬序又冠以自譔潛園漫叟傳凡山居足音集二卷僧寮吟課一卷銷夏彙存一卷小檀欒室題辭一卷說詩類編一卷讀書錄一卷耶溪漁隱圖題辭一卷皆未第以前之作日下題襟集一卷雙藤録別詩鈔一卷則偕計及登第南旋之作也從政錄一卷綌韋贈處集一卷湘靈館雜編三卷鑾江懷古集一卷江上詠花集一卷官舍十二詠一卷三十六峰吟一卷則皆官遊所得潛園吟社集三卷養痾雜編二卷病榻拜恩集一卷則懸車以後再徵不起之作也每集皆自爲小序其詩詞皆先列時賢而附己作讀此可以見一時應求之盛末附詩餘二卷

皇清駢文類苑十四卷

國朝姚燮輯其門人張壽榮校刊前有鄞縣郭傳璞序謂錄駢體文爲總集昉自昭明而李氏兆洛駢體文鈔之選自秦迄隋世稱善本
聖清儒術遠邁前代曾氏燠正宗人繫以文未析爲類此編凡百二十有五家文五百三十有二首爲類一十有五壽榮字菊齡鎮海人與傳璞皆燮門人也

今樂府選五百卷

國朝姚燮輯每篇有燮手評丹鉛錯雜於眉簡其搜采之宏富勘點之精當爲孫月峰胡孝轅輩所不及評定裝成二百冊欲付刊而艱於力今原稿歸鎮海小江李廉水部郎濂家

蛟川耆舊詩系三十二卷

國朝姚燮撰燮高祖大嗣始徙鎮海燮遂入鎮海籍故有此錄

仿胡文學甬上耆舊詩參以沈季友檇李詩繫例而精博過之傳稱其臨歿猶披閱是編纂先正小傳可謂留心文獻矣

友聲詩錄十二卷姚門七子詩選七卷

國朝姚燮輯此書蓋仿段成式漢上題襟集顧瑛草堂雅集之例前錄分著生平友人往還贈答之作後集則七子各自爲一卷

諸暨詩存十六卷續集四卷詩餘一卷附東棣詩鈔一卷

國朝酈滋德輯郭肇續輯滋德有半情居遺稿肇有東棣詩鈔東棣文鈔已著錄是編刊於光緒十四年其時滋德已前卒凡例定於肇手其跋語云余少時好蒐故鄉文獻積久成帙及見酈君搜羅較廣抉擇尤精遂舉所有益之并勸授梓會寇亂中輟而君又沒所著錄喪什之二令嗣方之茂才踪蹋

力護持賴以不墜嗣是續有所得屬余校定繼以日力始克補綴成編云案是書編輯幾三百數十人人各綴以小傳詳其爵里學行著述其有功於鄉邦文獻實非淺鮮雖入選者未必盡善則凡例所云一鱗片羽不能苛以繩尺滋德自序謂存其可存亦存其僅存者也昔人謂刊刻遺集其功深於掩骼二人之用心亦甚厚矣惟閨媛收江陰陳鐵肩妻錢潔爲其失檢處末附肇東埭詩鈔一卷卽滋德子琮仿越風附家集例請於肇而刻者蓋其時東埭集尚未刻也

詞曲類

西溪居士樂府一卷

宋姚寬撰陳振孫直齋書目解題載之朱彝尊輯詞綜巳云舊本散佚未經寓目其所載寬詞三闋實由他選本得之清

新俊逸在北宋亦爲傑出之作惜無從窺其全豹矣

雨鵑詞

國朝趙式撰式賦性直率跌宕自喜工詩餘今讀其詞小令聲韻嫻雅長調氣格高昂自以專家無愧色矣

是程堂詞二卷

國朝屠倬撰倬有是程堂集已著錄此其詞集也小令風流婉麗得南宋舊格長調俎豆姜張獨尙雅音此道正軌也

疏影樓詞續編一卷玉笛詞一卷

國朝姚燮撰燮最善倚聲其疏影樓詞八卷已刻集中此其晚年之作未付刻者較前集更爲無上乘矣乾嘉後詞家必以燮爲首選今稿歸楓橋陳氏授經堂乃燮子少復茂才所贈也

紅豆小草

國朝周本撰本有春草齋吟稿已著錄此其詞集也今未見

雙紅豆館詞鈔四卷

國朝周惺然撰惺然有寶帚詩略已著錄其生平工詩餘嘗言幼赴童子試見賞於史蘅塘先生及偕計北上適陶鳧香師膺蒲輪之徵遂執贄學塡詞故學有師承而尤精於詞律謂朱竹垞厲樊榭諸人俎豆南宋詞學復歸於正萬紅友澍著詞律尤斤斤於去上之辨足稱具眼慧心惟急於速成考訂頗疏如以楊守齋所作作詞五要誤作誠齋回波詞是宮中諕詞非出自裴談宋子京浪淘沙詞宜加近字崇甯中周美成增演慢引曲近等詞本非一調不當類列皆考訂至當邑人不少塡詞家諳律知音不爽累黍必首推是鈔矣

補梅花館詞一卷

國朝駱元遂撰元遂有鈎孫詩存已著錄其詞瓣香玉田較詩更工惜散佚過半今輯其存者爲一卷擬刻以行世

詞曲總類

別腸詞選一卷

國朝趙式撰式工於倚聲故此選亦精審一時稱善本今未見

玉篴樓詞學標準五卷

國朝姚燮輯燮爲乾嘉後詞人之冠宋元詞集無不手加丹鉛故其別裁足爲法則

翦鐙詞選一卷

郭鳳沼著

詞律辨正一卷

周惺然著

右所著錄存者皆據原書考定佚者亦據舊志及自宋迄今海內藏書家書目錄存若採訪册所錄别無徵信間擇其人之素有著述才者附列傳末而是錄仍削而不存蓋紀實也

諸暨縣志卷五十終